保育内容指導法
（健康）

宮川　三平【編著】

【執筆】
作道　訓子
冨永　久子
川上　暁子
祓川　摩有

文化書房博文社

巻頭言

保育内容指導法　健康　は、聖徳大学教授であられた森・白野両教授による教科書(保育内容指導法Ⅶ）が教科書として使われていた。しかしながら、2017年の幼稚園教育要領、保育所保育指針、幼保連携型子ども園教育・保育要領の改訂に伴い、新しい教育課程「保育内容『健康』指導法」が発足した。

今回は、各専門領域において、活躍されておられる気鋭の学者が「保育内容『健康』指導法」を精根込めて執筆した。特に学生諸君にとって、知りたい指導案について、章を新たに設けた。

本著が、学生諸君の保育内容『健康』の理解と実践に少しでも役立ち、子ども達の健やかな成長・発達につながることを願う次第である。

2024年7月　執筆者一同

目　次

第１章
人間にとって健康とは

健康の定義として、有名なWHO（World Health Organization）の健康の定義がある。

“Health is a state of complete physical, mental, and social well-being and not merely the absence of disease or infirmity.” 1948

「健康とは、身体的（physical)、精神的（mental)、及び社会的（social）的に完全に良好な状態であり、単に疾病又は病弱の存在しないことではない。」1948年

子ども達では、単にお病気や病弱がないことではなく、身体的にも精神的にも社会的にも完全に良好な状態にあると健康であるということである。例えば、心理的虐待、いじめなどを受けている子どもは、精神的に完全に良好な状態ではなく、健康とは言えないということである。また、子ども達の貧困、教育が受けられない（ストリートチルドレンなど）場合も社会的に完全に良好な状態ではなく、健康と言えないということになる。

1998年WHO理事会は、健康の定義として以下の改定案を総会に提出したが、採択が見送られた。

“Health is a dynamic state of complete physical, mental, spiritual and social well-being and not merely the absence of disease or infirmity.”

「健康とは、完全な身体的（physical）、精神的（mental）、spiritual及び社会的（social）福祉のdynamicな状態であり、単に疾病又は病弱の存在しないことではない。」

このdynamicという言葉は、健康はいつも変わらずにあるのではなく、時間の経過により健康でない状態になりうるということを意味している。

Spiritualという言葉は、Mentalと比較して次のように説明されている。

“Mental is in the mind. Logic and reason. Spiritual is in the ‘soul’. Like the mind, but more believing without reason.”「メンタルとは、論理性や理由のある知性である。スピリチュアルとは、理由を伴わない信念、信仰である」

Mind= I think there is a dog there. It looks like a dog, so it must be a dog. Spirit= I believe there is a dog there. There is no proof, but I don't need it.

「知性＝私は、そこに犬がいると思う。理由は、犬に似ていているため、犬に違いない。

スピリット＝私は、そこに犬がいると信じる。証拠はないが、その証拠は必要でない。」

Dynamicは、容易に理解できる。一方Spiritualは、日本人にとっては、なじみにくい言葉かもしれない。

梶原は、「スピリットとは神の側から人間に与えられ、それによって人間が生きるものとなるところのものであり、人が生命体として存在するその根底にある力、命を支えている力である。」と述べている。神から与えられたスピリットが、絶えず私たちの生命力・元気の源となっていると解釈できるかもしれない。

大森は、梶原の考察を基に、以下のキーワードをあげている。

＊自分らしく生きる

＊どのような状態に置かれても強く生きる

＊信念をもって生きる

＊生きることへの意味・目的をもって生きる

そして大森は、保育内容「健康」の意味として、以下のキーワードをあげています。

＊子どもの成長発達を妨げないようなかかわり

＊病気やけがをしないような生活習慣の確立のためのかかわり

＊生き方として，幸福感をもてるようなかかわり

＊社会性をもって生きることができるようなかかわり

引用文献

梶原直美 「スピリチュアル」の意味 ―聖書テキストの考察による一試論―川崎医療福祉学会誌　Vol.24　No.1　2014　11 − 20

大森宏一　保育内容（健康）における「健康」の定義について　富山短期大学紀要第 Vol.52　2017　115-123

第2章
生活様式の変化と今日の健康課題

生活様式とは、フリー百科辞典『ウィキペディア（Wikipedia)』によると、ライフスタイル（Lifestyle)とも呼ばれ、ある社会（例えば日本）においての成員（日本に住んでいる人々）が共通して成り立っているような生活の送り方（夜型の行動が多いなど）のことを言う。より広義には、ある個人や集団の文化的興味・意見・行動及び行動指向（例えば、アウトドアーライフを好むなど）を指す。

生活様式という言葉は、オーストリアの心理学者アルフレッド・アドラーによって「小児期に確立された人の基本的性格」という意味で導入された。

近年では、地球環境を意識した持続可能な社会の実現（Sustainable Developmental Goals=SDGs）などの世界的取り組みと、広域な感染症（新型コロナウィルス感染＝COVID-19など）や自然災害、各国の政治動向によって、より社会資本に依存した複雑で多様な生活様式が繰り広げられており、大量生産大量消費活動から必要最小限なステージに移行している。

まず、日本の子ども達の生活様式（ライフスタイル）の変化について述べる。

日本の子どもの睡眠について

日本は、大人でも諸外国と比較して、睡眠時間が短い。（図.1）

図.2は、厚生労働省21世紀出生児縦断調査を基に2010年生まれの１歳時～５歳時の就寝時間をグラフ化したものである。グラフに示されるように、１歳

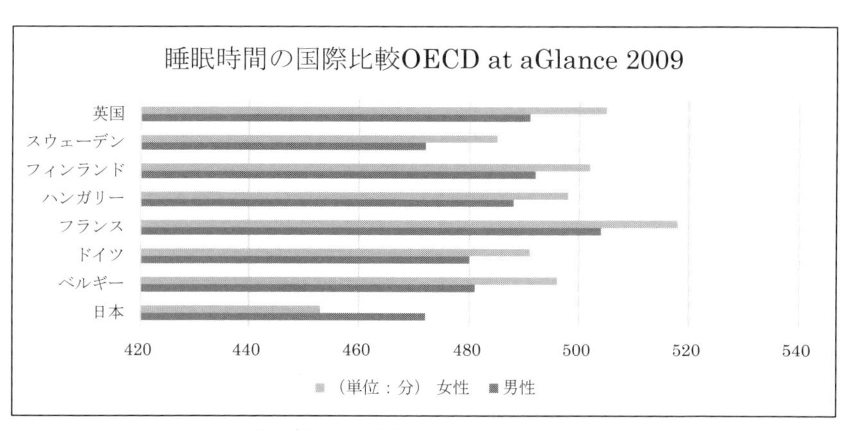

図.1　睡眠時間の国際比較OECD at aGlance 2009

時の就寝時間は、午後８時台が24.2%、午後９時台が47.7%である。午後10時以降は、21.3%であった。２歳時、３歳時では、午後８時台が、17%と減り、午後９時台がそれぞれ49.1%、49.8%と増え、午後10時以降も28%と増える。４歳時、５歳時では、午後９時台が52.2%と50%を超える。午後10時以降は、共に19%であった。ちなみに、P&G社が2004年12月に、日本で行った調査では就床時刻が午後10時以降の子どもたちは46.8%であった。P&G社の調査はヨーロッパ各国（2004年３～４月）でも行われ、就床時刻が午後10時以降の子どもたちはスウェーデン27%、イギリス25%、ドイツ・フランスはそれぞれ16%であった。

０～３歳の平均就寝時間が午後９時18分で、平均起床時間が午前７時08分とすると、９時間50分睡眠となる。０～３歳児の睡眠時間は、12～14時間必要と言われており、午

表.1　各月年齢の必要睡眠時間
(Roffwarg HD ら 1966)

月年齢	必要睡眠時間
生後3～5か月	14時間
1歳	13時間
2～3歳	12時間
3～5歳	11時間
5～9歳	10.5時間
10～13歳	10時間

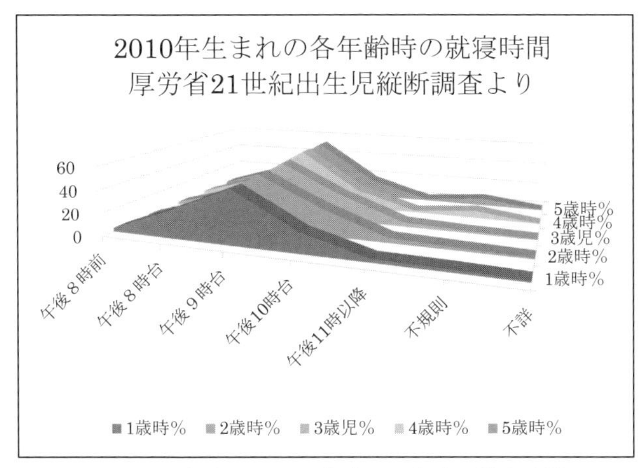

図.2　2010年生まれの１歳時～５歳時の就寝時間
（厚生労働省21世紀出生児縦断調査より）

睡又は午前睡を取らないと幼児は、寝不足となってしまう。表.1に各年齢の必要睡眠時間を示す。

日本の子ども達の睡眠時間の短さは、大人の生活様式を反映しているものである。すなわち、母親の就労に伴う夕食時間の遅れや24時間営業のスーパーマーケットやコンビニエンスストアに代表される夜型の生活様式（ライフスタイル）が日本に定着したことなどが、子どもの就寝時間を遅くする要因である。

子どもの睡眠不足は、食欲不振・注意や集中力の低下・眠気・易疲労感などをもたらす。子どもの場合、眠気をうまく意識することができずに、イライラ・多動・衝動行為などとしてみられることも少なくない。睡眠時間の不足は、セロトニン分泌の不足につながり、いらいら感など精神の不調の原因となる。また睡眠不足は、中枢性のヒト成長ホルモンの分泌低下による身長発育を抑制する可能性がある。また中枢性グレリンの増加レプチン低下などホルモン失調により、肥満をおこす可能性がある。また睡眠不足は、高血圧や２型糖尿病などの子どもの生活習慣病を引き起こす可能性がある。（図.3）睡眠障害に

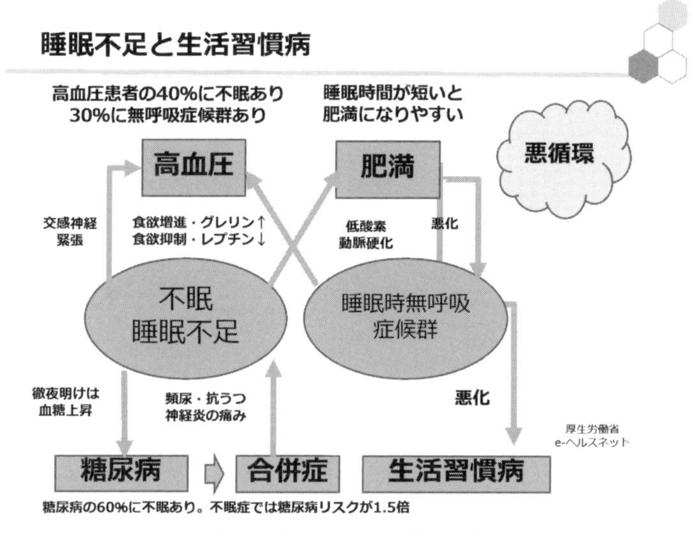

図.3　睡眠不足と生活習慣病

よる耐糖能異常の原因メカニズムは、①交感神経系の過剰な活動、②グルココルチコイドと成長ホルモンの上昇、③慢性炎症、④酸化ストレス、⑤時計遺伝子の同期不全などが考えられている。また、⑥食欲を抑制するレプチンが抑制され、食欲を亢進するグレリンが増加し、食事量が増えることにより糖代謝が悪化するとされる。

次に子ども達の遊び場の変化を厚生労働省21世紀出生児縦断調査の2000年（平成13年）生まれと2010年（平成22年）生まれとの比較で見てみると、2010年（平成22年）生まれの子どもは、2000年（平成13年）生まれの子どもに比べて、友だちの家での遊びが12.7％減少し、空き地や路地での遊びが5.6％減少したことがわかる。（図.3）一方、デパート・スーパーなどの遊び場（3.6%）、自然の場所（8%）、公共の遊び場（4.9%）が増えていることがわかる。友だちの家や路地遊びなど親しい友達との遊びを通した密な人間関係が築きくのに絶好の機会が少なくなり、ただでさえ少子化や核家族化で、人間関係が希薄となっていることを助長している可能性がある。こうしたことは、子ども達が成長する過程で、ぶつかり合いながら、共に受け入れ、最終的に良い人間関係を築きひいては、良き社会人となる基礎が作りにくい可能性がある。(図.4)

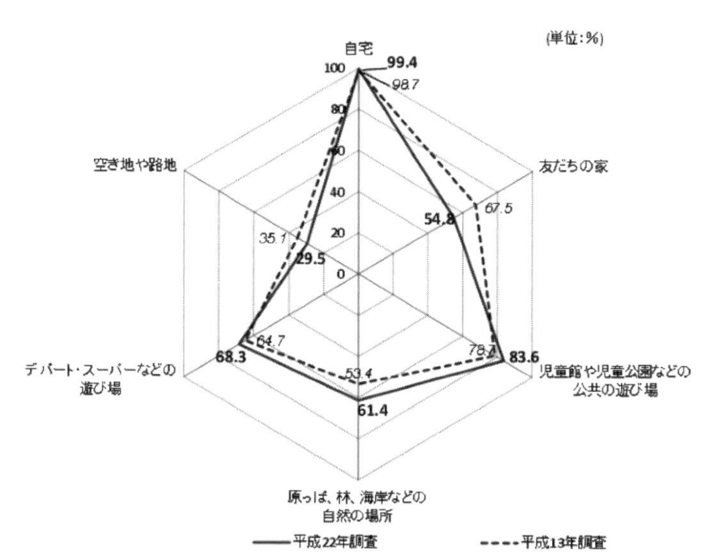

図.4 遊び場所別にみた「遊ぶ」割合の世代間比較
(厚生労働省21世紀出生時縦断調査より引用)

第3章
保育者の健康―実習中の健康管理について

1　保育士資格取得のために必要な保育実習

保育実習は、保育士としてこれまでに学んだ各教科の知識・技術を保育所（園）その他の児童福祉施設で実際に体験しながら、具体的にかつ総合的に理解習得するために重要な教科の一つである。

「保育所実習」では、乳幼児とふれあい、保育養護の大切さを学び、遊びを通して子どもとのコミュニケーションをとる。そして子ども一人一人の発達の特徴を捉え、的確な援助を体験する。また、保育士としての職業倫理を理解し、保育所（園）の保育士に求められる実践力（資質・能力・技術）を高める。それらを達成するために保育実習指導（オリエンテーション等）に参加し保育実習が実り多いものになるように努めなければならない。

「施設実習」の目的は、保育所以外の児童福祉施設・障害者支援施設の組織・機能・運営などの理解、個人および集団の生活支援を通して、児童・利用者の理解を深めることである。さらには具体的な取り組みを通して施設における児童・利用者への支援活動の実務を学び、知識および技術の総合的な習得を目指す。実習を通して、専門職としての保育士の自覚と態度について深い理解と愛情を培い、将来の保育士としての素地をつくりあげることを目的とする。

(1)「保育実習指導（オリエンテーション等）」

「保育実習指導（事前・事後指導）」は、「保育所実習」「施設実習」を円滑

に進めていくための知識・技術を習得し、学習内容・課題を明確化するとともに、実習体験を深化させることをねらいとしている。保育実習指導は事務オリエンテーションと、それぞれの実習内容に即した事前指導、実習中の指導（訪問・電話指導）、事後指導が実施されるので、必ず出席し指導を受講することが必要である。

(2) 保育実習日数と実習先

①「保育実習Ⅰ（保育所）」「保育実習Ⅱ（保育所）」は保育所・認定こども園において各11日間以上（概ね88時間以上）実施する。

②「保育実習Ⅰ（施設）」は居住型児童福祉施設等、「保育実習Ⅲ（施設）」は居住型または通所型児童福祉施設等において各11日間以上（概ね90時間以上）実施する。

(3) 保育実習の単位構成

保育実習の実施については厚生労働省の「保育実習実施基準」が適用されている。

実習終了後に学生が実習園へのお礼状の一節にこのように記している。「子どもの発達段階や成長の著しさを体感し学び得ることができました。また部分実習の時間を多くいただき、実際に保育士側に立つことで保育士としての役割や子どもを理解できました。就職までの残された時間は、教材作り並びに勉強に真摯に励み、有意義に過ごしていこう

科目名	単位	内容	摘要
保育実習指導Ⅰ（施設）	1	事前事後指導	必修
保育実習Ⅰ（施設）	2	施設実習	
保育実習指導Ⅰ（保育所）	1	事前事後指導	
保育実習Ⅰ（保育所）	2	保育所実習	
保育実習指導Ⅱ（保育所）	1	事前事後指導	
保育実習Ⅱ（保育所）	2	保育所実習	

と思います。そして現場での経験を重ね早く一人前の保育士として自立できるよう頑張ります」。

実習は不安も多く大変ではあるが、保育士としての将来へ希望をもって成長して大学へ戻ってくる学生たちは実に頼もしいものである。

２　保育実習を円滑に実施するための健康管理

保育者は、自己健康管理を身に着けることが必要である。しかし、保育実習中に学生などから大学へ入る連絡で一番多かったのが健康上のことであった。

(1) 春と夏の実習について

春季２月、３月の実習時期は、インフルエンザウイルスの流行期でもある。学生は、体調が必ずしも万全でない状態で実習に臨むことになる。また、特にインフルエンザ予防ワクチン未接種の学生は、実習中にインフルエンザに感染する恐れがある。一方８月・９月の保育所実習時期は、暑さが厳しく、夏かぜ症候群や食中毒の流行期でもある。、暑さや不規則な日常生活で、必ずしも体調万全でなく実習に臨むこととなる。また体調が万全でないと、夏かぜ症候群などの感染症にかかりやすくなる。

(2) 実習中止または実習延期の健康上の理由

健康管理も能力の内等の内容を学生に実習指導の時間に説明していてるが、健康上の理由で、実習が延期または中止なってしまうことは残念である。

保育実習中止の理由については、妊娠を含めた健康上の理由、メンタルな理由、細菌検査忘れなど多岐に及んでいる。

保育実習延期については、短期間に健康回復が可能であれば、大学のルールに基づき実習を再開することができる。その場合は延長実習として実施することができる。延長実習については、主にインフルエンザやウィルス性の感染症等が多く、頭痛、軽症の怪我、その他の病気（結膜炎、生理痛、湿疹等）がある。免疫力の弱い子どもの保育実習を行う上で大変重要なことである。

(3) 健康管理の重要性

実習に臨む学生は、普段からの体調管理（充分な睡眠、栄養バランスの取れた食事、体温測定など）、秋から冬にかけてのインフルエンザワクチン接種など積極的に自らの健康管理を行うことが大切である。また将来保育者として活躍するために、養成校の学生の時から感染予防（手洗いなどの基本的な感染予防対策、感染経路別の予防対策など）を正しく理解し、日頃から実践することが重要である。こうした感染予防対策は、保育所実習の事前指導でも力点をおいて学生に周知徹底しているところである。特に実習前・中には感染症に罹患しないよう、規則正しい日常生活に加え、インフルエンザワクチン接種を含めた感染症予防が大切であると思われる。なお日本における最近の風疹、麻疹などの流行により、感染症対策が広く国民の関心の一つとなっている。従って、保育実習事前に、麻疹、風疹は勿論であるが、可能であれば、水痘、ムンプス（おたふくかぜ）のワクチン接種または、抗体検査実施を保育者養成校の学生には推奨したい。

3　新型コロナウィルス禍での健康管理について

昨今コロナ禍において、健康管理の重要性を再認識していることと思われるが、学生の健康管理はもちろんのこと実習園である保育所等の施設においても様々な人たちへの配慮も必要となる。コロナ禍での保育実習では、感染対策に充分気を配る必要がある。最低、実習前２週間、実習中、実習後２週間の検温、健康観察・行動自粛は必須事項である。

(1) 実習前の感染予防などについて

実習前２週間は、朝夕検温し、健康状態を含めて実習日誌もしくは別配布の健康観察票に記入すること。健康観察票が記入されていない場合は、実習中止とせざるを得ない。

また、特に実習前２週間と実習期間中は、密閉空間、密集合場所及び密接場面（いわゆる三密）を避け、不要不急の外出や会食、遊び等を自粛すること。特に繁華街などの人の集まる場所や、クラスターが発生している場所付近への外出は行わないことが重要である。

(2) 実習中の感染予防などについて

実習中は感染予防策等として次のような行動が必要である。

・実習期間中も朝夕の検温は継続すること。
・体調不良（発熱、頭痛、倦怠感、咳、咽頭痛、胸の痛み、下痢、嘔吐、味覚・嗅覚障害など）がある場合は実習に赴かないこと。実習先施設および通信教育学務課実習担当者に連絡を入れ、指示に従うこと。
・実習先の新型コロナ感染対策を学び、しっかりと順守すること。実習中もできるだけ三密を避け、手洗いや手指の消毒、マスク着用を徹底すること。
・実習先の施設等が新型コロナウイルス感染症により、休園等になった場合は、実習生は登園せずに自宅待機をすること。その際も朝夕の検温と健康チェックを怠らないこと。また休園になったときには速やかに大学へも連絡をすること。
・家族が新型コロナウイルスに感染したあるいは学生が濃厚接触者となった場合は、ただちに管轄の保健所に連絡し、指示に従うこと。その後、実習先施設と大学通信教育学務課実習担当者へも連絡を行うこと。

4　実習へ向けての健康に関する必要書類について

実習開始に当たり、学生が実習園へ提出する健康に関する必要な書類は、健康観察票、健康診断証明書、腸内細菌検査報告書、感染症及びワクチン接種、抗体検査実施報告書である。これらは実習時のオリエンテーションまたは、初日に必ず実習園の責任者へ提出してから実習を開始することとなる。

<table>
<tr><th colspan="2">健康管理に必要書類</th><th>書類内容</th><th>提出先</th></tr>
<tr><td>1</td><td>健康観察票</td><td>実習開始2週間前から朝と夕に検温する。</td><td rowspan="4">実習初日に保育園へ提出する。 個人情報に関することは、実習終了後に返却してもらう。</td></tr>
<tr><td>2</td><td>健康診断証明書</td><td>各自で受診する。</td></tr>
<tr><td>3</td><td>腸内細菌検査報告書</td><td>実習12日～14日前に実施する。
最寄りの市町村の保健所または、大学が指定してるマリス分析センターで実施。 万が一陽性の場合は、実習が中止となる。</td></tr>
<tr><td>4</td><td>感染症及びワクチン接種、抗体検査実施報告書</td><td>抗体検査、ワクチン接種を行う。</td></tr>
</table>

(1) 健康観察票

健康観察票は、自分自身と実習先の子どもたちを守るために自分の健康状態を知り、管理するためのものである。学生は２週間前から不要不急の外出の自粛、健康の記録の感染予防対策を行うことが必要である。当日体調不良がある場合は実習を欠席する必要がある。新型コロナ感染症について実習園からPCR検査の要望がある場合があるが、実習実施に当たっては、学生が健康観察を徹底して行っている旨を説明するとほとんどの実習園がPCR検査については強制ではなく任意となる場合が多い。

しかし、次に挙げるような状況が生じた場合は、PCR検査を受ける必要があるので、通信教育学務課実習担当者へ必ず連絡をする必要がある。

健 康 観 察 票

自分自身と実習先の子どもたちを守る為には自分の健康状態を知り、管理する事が大切です。★1日2回（朝夕）体温を測って下さい。
★体調不良の際は通信教育学務課へ連絡して下さい

※ 実習2週間前・実習中の観察を記入して下さい。

日付	月　日	月　日	月　日	月　日	月　日	月　日	月　日
	朝	朝	朝	朝	朝	朝	朝
体温	℃	℃	℃	℃	℃	℃	℃
解熱剤使用	あり・なし	あり・なし	あり・なし	あり・なし	あり・なし	あり・なし	あり・なし
咳/のどの痛み	あり・なし	あり・なし	あり・なし	あり・なし	あり・なし	あり・なし	あり・なし
だるさ	あり・なし	あり・なし	あり・なし	あり・なし	あり・なし	あり・なし	あり・なし
息苦しさ	あり・なし	あり・なし	あり・なし	あり・なし	あり・なし	あり・なし	あり・なし
嗅覚・味覚障害	あり・なし	あり・なし	あり・なし	あり・なし	あり・なし	あり・なし	あり・なし
その他 (　　　　)	あり・なし	あり・なし	あり・なし	あり・なし	あり・なし	あり・なし	あり・なし
	夜	夜	夜	夜	夜	夜	夜
体温	℃	℃	℃	℃	℃	℃	℃
解熱剤使用	あり・なし	あり・なし	あり・なし	あり・なし	あり・なし	あり・なし	あり・なし
咳/のどの痛み	あり・なし	あり・なし	あり・なし	あり・なし	あり・なし	あり・なし	あり・なし
だるさ	あり・なし	あり・なし	あり・なし	あり・なし	あり・なし	あり・なし	あり・なし
息苦しさ	あり・なし	あり・なし	あり・なし	あり・なし	あり・なし	あり・なし	あり・なし
嗅覚・味覚障害	あり・なし	あり・なし	あり・なし	あり・なし	あり・なし	あり・なし	あり・なし
その他 (　　　　)	あり・なし	あり・なし	あり・なし	あり・なし	あり・なし	あり・なし	あり・なし

学科＿＿＿＿＿＿＿＿科　学年＿＿＿＿年　コース名＿＿＿＿＿＿＿＿
学籍番号＿＿＿＿＿＿＿＿＿＿　氏名＿＿＿＿＿＿＿＿＿＿

①　実習生本人が感染症にかかった場合

②　同居する家族が感染症にかかった場合

③　実習生本人が濃厚接触者の場合

④　同居する家族が濃厚接触者の場合

⑤　接触した関係者が感染症の場合

⑥　実習園で感染が発生した場合

⑦　都道府県等からの要請で、実習先が臨時休業

(2) 健康診断票

健康診断は「学校保健安全法」に基づいて全学年が対象なだけでなく、教職員においても法規で受診が義務付けられているため１年に１度は必ず受診すること。定期健康診断の目的は、病気の早期発見（スクリーニング）と、健康の維持増進の確認である。生活リズムや食生活の乱れ、さらに生活環境の著しい変化の影響の中で、不健康感を持っている人が多いという現実もある中で結核患者の数が再び上昇傾向にある。高血圧、糖尿病、高脂血症などを指摘される若者も近年増加する傾向にある。若い頃からの生活習慣に原因が求められるこれらの生活習慣病は、生活習慣を改善することで、予防が可能である。

なお、実習先によっては、Ｂ型、Ｃ型肝炎などの血液検査を必要することもある。

(3) 細菌検査について

保育所実習、施設実習を行なう学生は、全員必ず細菌検査を受けること。

子どもたちへの感染を防ぐためにも、検便の検査は重要である。

検便検査とは、学生が感染症などの原因菌を保有していないか確かめるためのまた、食中毒を未然に防止する手段の一つでもある細菌検査である。

・検査は、実習初日の約12～14日前の便で行ない（生理中の採便でも検査

結果に影響はない）原則、実習初日に検査結果を実習先に提出をすることとなる。

①検査項目例

※必須　赤痢菌　サルモネラ属菌（腸チフス・パラチフス含む）O-157

検査を行なわない者や結果が陽性（＋）の者は実習中止となる。

赤痢菌	
特徴	赤痢菌は哺乳類の腸管に生息して、ヒトとサルに感染性腸炎を起こる
感染経路	赤痢菌によって汚染された食物や水を介して経口感染することが多いが、この他、患者の排泄物を処理した後の手指を介して経口感染（糞口感染）したり、ハエによる媒介によって汚染された食物から感染する例もある。海外旅行中に感染する例が多くあり、海外旅行先の食品・飲料・に注意が必要である。
症状	１～３日の潜伏期のあと、全身の倦怠感(けんたいかん)、悪寒(おかん)を伴う高熱、水様便が現れます。１～２日間発熱があり、腹痛、しぶり腹、膿粘血便がみられます。軽い下痢と軽度の発熱で経過することが多く、菌をもっていても症状のない無症状病原体保有者もいる。
予防法	手をよく洗う、食べ物には熱を７５℃で１分以上通す、なま水は飲まないなどの当たり前の習慣を守っていれば、そう簡単には感染しない。
サルモネラ属菌	
特徴	ペットや、家畜の腸管に常在菌として存在する。ヒトに対する病原性がほとんどないものから、重症の食中毒を起こすものもあります。幼児や高齢者はわずかな菌量でも感染する。低温や乾燥にも強い性質がある。
感染経路	卵や食肉及びその加工食品が主な原因食品です。卵や殻だけではなく、卵内にも菌が認められることもあるので、卵を使った食品には注意が必要である。アメリカ合衆国では1960-1970年にかけてミシシッピアカミミガメに由来する感染が報告され、死亡例の報告があるのでペットからの感染も要注意
症状	潜伏期間は平均12時間ほどといわれている腹痛、嘔吐、下痢(ときに粘血便)などの消化器症状、発熱(高熱)などで、抵抗力のない者は菌血症を起こし重症化することがある。
予防法	熱や酸には弱いが乾燥や低温には強く、冷凍しても不活化しない。
腸管出血性大腸菌0-157	
特徴	ベロ毒素という強力な毒素を産生する病原性大腸菌。このベロ毒素は、体内に侵入すると大腸をただれさせ、血管壁を破壊して出血を起こす。さらに、腎臓に障害を与え、脳や神経にも作用して発病してから短時間で生命を奪うこともある。大腸菌は、腸管内に最も多数存在する腸内細菌である。その中でも下痢の原因となる病原性大腸菌は現在、病原血清大腸菌、腸管侵入性大腸、毒素原性大腸菌、腸管出血性大腸菌の５種類に分類されている。特に、腸管出血性大腸菌（Ｏ－１５７・Ｏ－２６・Ｏ－１１１など）は食中毒菌として重要であり、三類感染症に指定されています。経口感染で飲食物からの感染や、人から人への感染、水を介しての感染で大規模な集団食中毒を起こす。
感染経路	ベロ毒素産生性の腸管出血性大腸菌で汚染された食物などを経口摂取することによっておこる腸管感染が主体である。また、ヒトを発症させる菌数はわずか50個程度と少なく強毒性を有するため、二次感染が起きやすく注意が必要である。また、この菌は強い酸抵抗性を示し、胃酸の中でも生残し腸に達する。
	生の牛肉やレバーの摂食で感染リスクが高いともいわれている。

症状	感染から3-5 日の潜伏期の後に激しい腹痛をともなう頻回の水様便となる。多くは発症の翌日ぐらいには血便となる（出血性大腸炎）。発熱は一過性で軽度（37 ℃台）である事が多い。血便になった当初には血液の混入は少量であるが次第に増加し、便成分の少ない血液がそのまま出ているような状態になる。さらにひどくなると溶血性尿毒症症候群（ＨＵＳ）や、脳症などの重症合併症が生じることがあり、重症患者では死に至ることもある。
予防法	食材はよく洗い、十分に加熱する。７５℃で１分以上手洗いの励行
	食肉を扱った容器、包丁、まな板は熱湯で殺菌する。
	低温でも生き続けるので、冷蔵庫に入れたことで安心しない。
	井戸水はそのまま飲まない。
	動物とふれあった後には、必ず、石けんを使用して十分に手洗いをする。
	レバー等の食肉を生で食べることはひかえるとともに、加熱不十分な食肉（牛タタキ等）を乳幼児やお年寄りには食べさせないようにしましょう。

②細菌検査の手続き

最寄りの都道府県や保健所設置市の市長の登録を受け、血液や便などの検査を実施する衛生検査所（保健所等）にお問い合わせてみるか、または、大学が依頼しているマリス分析センターで行なうこともできる。

マリス分析センターの場合の手続きについて

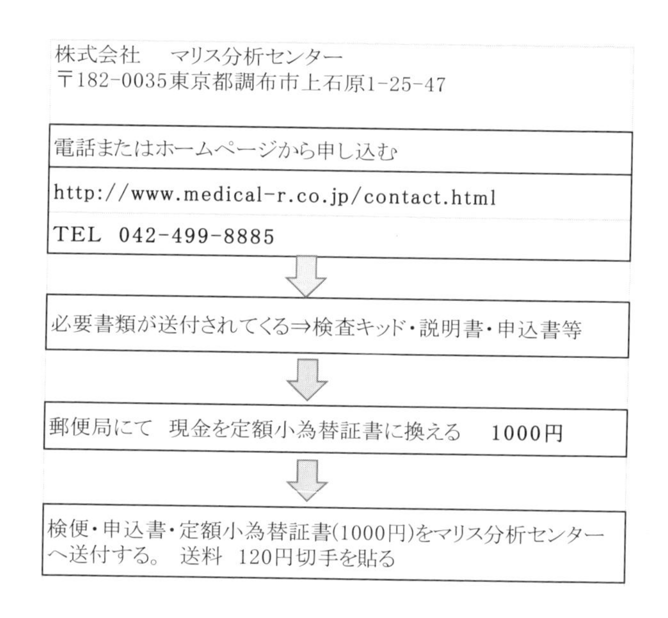

48時間の培養と事務手続きを経て **陰性であれば合格**であり、証明書として発行される7日から10日後に自宅へ結果が届く。

実習初日または実習園のオリエンテーション時にへ実習園へ提出する

※陽性であった場合は、実習は中止であり、その連絡を必ず通信教区学部実習担当者へ報告すること。

(4) 感染症及びワクチン接種、抗体検査実施報告書について

近年、麻しんや風しん罹患証明書も保育現場から求められることが多くなってきたため、感染症及びワクチン接種、抗体検査実施報告書を提出する。

麻しんについて

麻しんとは	麻しんは、麻しんウイルスによって引き起こされる急性の全身感染症として知られている。麻しんウイルスの感染経路は、空気感染、飛沫感染、接触感染で、ヒトからヒトへ感染が伝播し、その感染力は非常に強いと言われてる。免疫を持っていない人が感染するとほぼ100%発症し、一度感染して発症すると一生免疫が持続すると言われている。
発生状況	麻しんは、過去の推移を見ると、平成19・20年に10～20代を中心に大きな流行がみられましたが、平成20年より5年間、中学1年相当、高校3年相当の年代に2回目の麻しんワクチン接種を受ける機会を設けたことなどで、平成21年以降10～20代の患者数は激減した。
症状	感染すると約10日後に発熱や咳、鼻水といった風邪のような症状が現れる。2～3日熱が続いた後、39℃以上の高熱と発疹が出現する。肺炎、中耳炎を合併しやすく、患者1,000人に1人の割合で脳炎が発症すると言われている。死亡する割合も、先進国であっても1,000人に1人と言われている。

風しんについて

風しんとは	風しんは、風しんウイルスによって引き起こされる急性の風しんウイルスによっておこる急性の発疹性感染症で、風しんへの免疫がない集団において、1人の風しん患者から5～7人にうつす強い感染力を有する。
発生状況	かつてはほぼ5年ごとの周期で、大きな流行が発生したが、平成6年以降の数年間は大流行がみられなかったむ。しかし、特に平成14年からは局地的な流行が続いて報告されるようになり、平成15年～平成16年には流行地域の数はさらに増加し、例年0～1名であった先天性風しん症候群が10名報告された。
症状	症状は不顕性感染（感染症状を示さない）から、重篤な合併症併発まで幅広く、特に成人で発症した場合、高熱や発疹が長く続いたり、関節痛を認めるなど、小児より重症化することがある。また、脳炎や血小板減少性紫斑病を合併するなど、入院加療を要することもあるため、軽視はできない疾患である。
かかった場合	感染すると約2～3週間後に発熱や発疹、リンパ節の腫れなどの症状が現れる。風しんの症状は、子どもでは比較的軽いが、まれに脳炎、血小板減少性紫斑病などの合併症が、2,000人～5,000人に１人くらいの割合で発生することがある。また、大人がかかると、発熱や発疹の期間が子どもに比べて長く、関節痛がひどいことが多い。
	また、発疹の出る前後約1週間は人に感染させる可能性がある。
	風しんに対する免疫が不十分な妊娠20週頃までの女性が風しんウイルスに感染すると、眼や心臓、耳等に障害をもつ（先天性風しん症候群）子どもが出生することがある。（妊娠1ヶ月でかかった場合50％以上、妊娠2ヶ月の場合は35％などとされている）。

ワクチンについて

ワクチン	風しんワクチン（主に接種されているのは、麻しん風しん混合ワクチン）を接種することによって、95％以上の人が風しんウイルスに対する免疫を獲得することができると言われている。また、2回の接種を受けることで1回の接種では免疫が付かなかった方の多くに免疫をつけることができる。さらに、接種後年数の経過と共に、免疫が低下してきた人に対しては、追加のワクチンを受けることで免疫を増強させる効果がある。

実習に臨む学生は、実習前からしっかりとした体調管理（充分な睡眠、バランスのとれた食事、体温測定など）のほか、秋から冬にかけてのインフルエンザワクチン接種を行うなど、積極的に自らの健康管理を行うようようにすることが大切である。また、細菌検査を受ける重要性を理解することも必要である。感染症に関する知識と自己管理を徹底し自分を守ることは子どもたちを守

ることであるとの保育者としての自覚と責任が大切である。

引用

1　厚生労働所ホームページ　麻しん・風しんについて
2　宮川三平　作道訓子　2020　3月教職研究科紀要10号「保育所実習における学生の実態-配慮事項を中心に-」11頁
3　聖徳大学保育実習の手引き　2020　9月

第4章
幼稚園教育要領、保育所保育指針、幼保連携型認定子ども園教育・保育要領における領域「健康」とは

2017年（平成29年）改定の保育所保育指針では、１、２歳児を中心に保育所の利用者数が増加したことや、乳児から２歳児の心身の発達の重要性を踏まえ、３歳未満児の保育内容の充実を図るため、３歳未満児の保育について、乳児保育、１歳以上３歳未満児の保育の区分が示された。したがって保育所保育指針、幼保連携型認定こども園教育・保育要領では、乳児保育、１歳以上３歳未満児の保育、３歳以上児の保育に区分された。乳児保育については、この時期の発達の特徴を踏まえ、「健やかに伸び伸びと育つ」「身近な人と気持ちが通じ合う」「身近なものと関わり感性が育つ」の３つの視点で示されている。１歳以上３歳未満児の保育、３歳以上児の保育は、５領域（健康、人間関係、環境、言葉、表現）で示されており、そのうちの一つが心身の健康に関する領域「健康」である。

1　乳児保育の「健やかに伸び伸びと育つ」ねらい及び内容

乳児保育における「健やかに伸び伸びと育つ」は、「健康な心と体を育て、自ら健康で安全な生活を作り出す力の基盤を培う」ものであり、１歳以上３歳未満児の保育、３歳以上児の保育の領域「健康」につながる視点で、乳児保育における保育内容として、領域に沿った形で示されている。

「ねらい」は３つで、それを達成するための「内容」が５項目設定されている。指導上の留意事項として「内容の取り扱い」は２項目挙げられている（表

表4-1　乳児保育における「健やかに伸び伸びと育つ」に関わる「ねらい」と「内容」

乳児
健やかに伸び伸びと育つ
健康な心と体を育て、自ら健康で安全な生活をつくり出す力の基盤を培う。
ねらい
①　身体感覚が育ち、快適な環境に心地よさを感じる。
②　伸び伸びと体を動かし、はう、歩くなどの運動をしようとする。
③　食事、睡眠等の生活のリズムの感覚が芽生える。
内容
①　保育士等（保育教諭等）の愛情豊かな受容の下で、生理的・心理的欲求を満たし、心地よく生活をする。
②　一人一人の発育に応じて、はう、立つ、歩くなど、十分に体を動かす。
③　個人差に応じて授乳を行い、離乳を進めていく中で、様々な食品に少しずつ慣れ、食べることを楽しむ。
④　一人一人の生活リズムに応じて、安全な環境の下で十分に午睡をする。
⑤　おむつ交換や衣服の着脱などを通じて、清潔になることの心地よさを感じる。
内容の取り扱い（上記の取り扱いに当たっては、次の事項に留意する必要がある。）
①　心と体の健康は、相互に密接な関連があるものであることを踏まえ、温かい触れ合いの中で、心と体の発達を促すこと。特に、寝返り、お座り、はいはい、つかまり立ち、伝い歩きなど、発育に応じて、遊びの中で体を動かす機会を十分に確保し、自ら体を動かそうとする意欲が育つようにすること。
②　健康な心と体を育てるためには望ましい食習慣の形成が重要であることを踏まえ、離乳食が完了期へと徐々に移行する中で、様々な食品に慣れるようにするとともに、和やかな雰囲気の中で食べる喜びや楽しさを味わい、進んで食べようとする気持ちが育つようにすること。なお、食物アレルギーのある子ども（園児）への対応については、嘱託医（学校医）等の指示や協力の下に適切に対応すること。

出典：平成29年改訂　保育所保育指針[1]、幼保連携型認定こども園教育・保育要領[2]より作成
注：保育所保育指針における表記（保育士等、子ども、嘱託医）
　　幼保連携型認定こども園教育・保育要領における表記（保育教諭等、園児、学校医）

4-1)。

乳児期は身近な環境との関わり、保育者との関わりを通じて、周りのことや自分の動きを感じとり身体感覚が育まれる。たとえば自分の手を見て、動かしたりなめたりし、自分の手を認識する。手の動きと身体感覚がリンクしていることに気づき、動かしたいように動かせるものだと次第に認識していく。さら

に乳児の興味の対象は、周囲の環境へと移っていく。目に見えたものを自分の手でつかもうとしたり、抱かれている大人の顔に触れようとしたり、外界に対して自ら働きかけていく。その時、優しく言葉をかけ、心地よい環境を味わえるようにすることが大切である。心の安定と体の健康が相互に密接な関連を持ちながら成長していくことを踏まえ、内容の取り扱いにもあるように、温かい触れ合いの中で、心と体の発達を促すことが大切である。また、特に、寝返り、お座り、はいはい、つかまり立ち、伝い歩きなど、発育に応じて、遊びの中で体を動かす機会を十分に確保し、自ら体を動かそうとする意欲が育つようにすることとあり、伸び伸びと体を動かす機会や環境に配慮し、一人ひとりの発育に応じた関わりが大切となる。

ねらいにおける食事、睡眠等の生活のリズムの感覚が芽生えるためには、基本的生活習慣の形成が大事である。食育に関して内容の取り扱いでは、望ましい食習慣の形成が重要であることを踏まえ、離乳食が完全期へと徐々に移行する中で、様々な食品に慣れるようにするとともに、和やかな雰囲気の中で食べる喜びや楽しさを味わい、進んで食べようとする気持ちが育つようにすることとある。食べる楽しみを体験しながら、毎日の食事のリズムが整っていく中で、食への意欲が育まれるように美味しく味わえる工夫をすることが大切である。また十分な睡眠も必要である。日常生活において、保育者による温かい触れ合いの中で、生理的欲求が満たされ、穏やかで安定した生活を通じて、食事、睡眠などの生活リズムの感覚が芽生えていく。個人差に配慮し、子ども一人ひとりが心地よい生活が送れるように生活の流れを作り、十分な睡眠を確保することが生活のリズム形成につながる。

2　1歳以上3歳未満児の保育における領域「健康」のねらい及び内容

1歳以上3歳未満児の保育における領域「健康」は、3歳以上児の領域「健康」につながる「ねらい」と「内容」が示されている。３歳以上児と同様で「健康な心と体を育て、自ら健康で安全な生活を作り出す力を養う」ものであるが、１歳児、２歳児特有の発達的な行動の特性が、ねらいと内容に反映されている。

「ねらい」は３つで、それを達成するための「内容」が７項目設定されている。指導上の留意事項として「内容の取り扱い」は４項目挙げられている（表4-2）。

３つのねらいはいずれも、子どもが主体的に自分でしようとするといった子どもの姿が示されている。この時期になると歩行が開始され、歩く、走る、跳ぶなどの基本的な運動機能が発達し、自分でできることが増えてくる。周囲のあちこちに興味を向け、自分の体を思うように動かそうとする気持ちが強くなる。自ら行おうとする気持ちを尊重し、その発達や生活の自立を温かく見守りながら、自分でできたときの満足感を味わうことができるようにすることが大切である。心身の発達を促す上で、内容の取り扱いにおいて、心と体の健康は、相互に密接な関連があるものであることを踏まえ、子どもの気持ちに配慮した温かい触れ合いの中で、心と体の発達を促すこと。特に、一人一人の発育に応じて、体を動かす機会を十分に確保し、自ら体を動かそうとする意欲が育つようにすることとある。子どもが伸び伸びと体を動かし、遊ぶ楽しさを経験できるように一人ひとりの子どもの興味や関心に沿った環境を整え、保育者による子どもの思いに寄り添った丁寧な関わりが大切である。そうすることで自ら体を動かそうとする意欲が育まれる。

また、つまむ、めくるなどの指先の機能が発達し、日常生活における食事や衣類の着脱などにも興味や関心を示し、身の回りのことを自分でしようとする。最初は自分でできないことも多いが、保育者の援助の下で、基本的な生活習慣を身に付けていく。自分でできた時の喜びや心地よさを味わい、達成感を十分に経験させることで、主体的に生活を営むことへの意欲が高まっていく。

表4-2　１歳以上３歳未満児における「健康」に関わる「ねらい」と「内容」

１歳以上３歳未満児
健康
健康な心と体を育て、自ら健康で安全な生活をつくり出す力を養う。
ねらい
①　明るく伸び伸びと生活し、自分から体を動かすことを楽しむ。
②　自分の体を十分に動かし、様々な動きをしようとする。
③　健康、安全な生活に必要な習慣に気付き、自分でしてみようとする気持ちが育つ。
内容
①　保育士等（保育教諭等）の愛情豊かな受容の下で、安定感をもって生活をする。
②　食事や午睡、遊びと休息など、保育所（幼保連携型認定こども園）における生活のリズムが形成される。
③　走る、跳ぶ、登る、押す、引っ張るなど全身を使う遊びを楽しむ。
④　様々な食品や調理形態に慣れ、ゆったりとした雰囲気の中で食事や間食を楽しむ。
⑤　身の回りを清潔に保つ心地よさを感じ、その習慣が少しずつ身に付く。
⑥　保育士等（保育教諭等）の助けを借りながら、衣類の着脱を自分でしようとする。
⑦　便器での排泄に慣れ、自分で排泄ができるようになる。
内容の取り扱い（上記の取り扱いに当たっては、次の事項に留意する必要がある。）
①　心と体の健康は、相互に密接な関連があるものであることを踏まえ、子ども（園児）の気持ちに配慮した温かい触れ合いの中で、心と体の発達を促すこと。特に、一人一人の発育に応じて、体を動かす機会を十分に確保し、自ら体を動かそうとする意欲が育つようにすること。
②　健康な心と体を育てるためには望ましい食習慣の形成が重要であることを踏まえ、ゆったりとした雰囲気の中で食べる喜びや楽しさを味わい、進んで食べようとする気持ちが育つようにすること。なお、食物アレルギーのある子ども（園児）への対応については、嘱託医（学校医）等の指示や協力の下に適切に対応すること。
③　排泄の習慣については、一人一人の排尿間隔等を踏まえ、おむつが汚れていないときに便器に座らせるなどにより、少しずつ慣れさせるようにすること。
④　食事、排泄、睡眠、衣類の着脱、身の回りを清潔にすることなど、生活に必要な基本的な習慣については、一人一人の状態に応じ、落ち着いた雰囲気の中で行うようにし、子ども（園児）が自分でしようとする気持ちを尊重すること。また、基本的な生活習慣の形成に当たっては、家庭での生活経験に配慮し、家庭との適切な連携の下で行うようにすること。

出典：平成29年改訂　保育所保育指針[1]、幼保連携型認定こども園教育・保育要領[2]より作成
注：保育所保育指針における表記（保育所、保育士等、子ども、嘱託医）
　幼保連携型認定こども園教育・保育要領における表記（幼保連携型認定こども園、保育教諭等、園児、学校医）

3　３歳以上児の保育における領域「健康」のねらい及び内容

３歳以上児の保育では、幼稚園教育要領、保育所保育指針、幼保連携型認定こども園教育・保育要領の３つで幼児教育として全て共通である。３歳以上児の領域「健康」は、１歳以上３歳未満児の保育と同様で、「健康な心と体を育て、自ら健康で安全な生活を作り出す力を養う」領域である。

「ねらい」は３つで、それを達成するための「内容」が10項目設定されている。指導上の留意点として「内容の取り扱い」は６項目挙げられている（表4-3）。

健康な心と体は、相互に密接な関連を持ちながら成長していく。そのため「健康」のねらいを実現していくためには、情緒の安定を図ることが大切である。情緒が安定している子どもは、積極的に周囲の環境に関わろうとする。保育者との安定した信頼関係を得られることで、安心して過ごすことができ、その子どもなりに伸び伸びと行動することができる。そのとき充実感や満足感を味わえるようにすることが大切である。そうして様々な人やものと関わるなかで、心の育ちと体の諸機能を発達させていく。

幼児期に自分の体を十分に動かし、体を動かす楽しさを経験することで、進んで運動しようとする意欲が育っていく。十分に体を動かして遊ぶ中で、保育者からの安全について気付くような働きかけを通して、次第に危険な場所や遊び方などを知り、安全に気を付けて行動するようになっていく。さらに、交通安全の指導や避難訓練などを計画的に行い、一人ひとりが落ち着いた行動がとれるように、災害時の行動の仕方についても理解させていく必要がある。健康、安全な生活に必要な習慣や態度は、日常の生活の中で体験を通して身に付け、その体験を繰り返しながら、見通しをもって自立的に行動していくようにすることが重要である。

表4-3　３歳以上児における「健康」に関わる「ねらい」と「内容」

３歳以上児
健康
健康な心と体を育て、自ら健康で安全な生活をつくり出す力を養う。
ねらい
①　明るく伸び伸びと行動し、充実感を味わう。
②　自分の体を十分に動かし、進んで運動しようとする。
③　健康、安全な生活に必要な習慣や態度を身に付け、見通しをもって行動する。
内容
①　保育士等（保育教諭等・先生）や友達と触れ合い、安定感をもって行動する。
②　いろいろな遊びの中で十分に体を動かす。
③　進んで戸外で遊ぶ。
④　様々な活動に親しみ、楽しんで取り組む。
⑤　保育士等（保育教諭等・先生）や友達と食べることを楽しみ、食べ物への興味や関心をもつ。
⑥　健康な生活リズムを身に付ける。
⑦　身の回りを清潔にし、衣服の着脱、食事、排泄などの生活に必要な活動を自分でする。
⑧　保育所（幼保連携型認定こども園・幼稚園）における生活の仕方を知り、自分たちで生活の場を整えながら見通しをもって行動する。
⑨　自分の健康に関心をもち、病気の予防などに必要な活動を進んで行う。
⑩　危険な場所、危険な遊び方、災害時などの行動の仕方が分かり、安全に気を付けて行動する。
内容の取り扱い（上記の取り扱いに当たっては、次の事項に留意する必要がある。）
①　心と体の健康は、相互に密接な関連があるものであることを踏まえ、子ども（園児・幼児）が保育士等（保育教諭等・教師）や他の子ども（園児・幼児）との温かい触れ合いの中で自己の存在感や充実感を味わうことなどを基盤として、しなやかな心と体の発達を促すこと。特に、十分に体を動かす気持ちよさを体験し、自ら体を動かそうとする意欲が育つようにすること。
②　様々な遊びの中で、子ども（園児・幼児）が興味や関心、能力に応じて全身を使って活動することにより、体を動かす楽しさを味わい、自分の体を大切にしようとする気持ちが育つようにすること。その際、多様な動きを経験する中で、体の動きを調整するようにすること。
③　自然の中で伸び伸びと体を動かして遊ぶことにより、体の諸機能の発達が促されることに留意し、子ども（園児・幼児）の興味や関心が戸外にも向くようにすること。その際、子ども（園児・幼児）の動線に配慮した園庭や遊具の配置などを工夫すること。

④	健康な心と体を育てるためには食育を通じた望ましい食習慣の形成が大切であることを踏まえ、子ども（園児・幼児）の食生活の実情に配慮し、和やかな雰囲気の中で保育士等（保育教諭等・教師）や他の子ども（園児・幼児）と食べる喜びや楽しさを味わったり、様々な食べ物への興味や関心をもったりするなどし、食の大切さに気付き、進んで食べようとする気持ちが育つようにすること。
⑤	基本的な生活習慣の形成に当たっては、家庭での生活経験に配慮し、子ども（園児・幼児）の自立心を育て、子ども（園児・幼児）が他の子ども（園児・幼児）と関わりながら主体的な活動を展開する中で、生活に必要な習慣を身に付け、次第に見通しをもって行動できるようにすること。
⑥	安全に関する指導に当たっては、情緒の安定を図り、遊びを通して安全についての構えを身に付け、危険な場所や事物などが分かり、安全についての理解を深めるようにすること。また、交通安全の習慣を身に付けるようにするとともに、避難訓練などを通して、災害などの緊急時に適切な行動がとれるようにすること。

出典：平成29年改訂　保育所保育指針[1]、幼保連携型認定こども園教育・保育要領[2]、幼稚園教育要領[3]より作成

注：保育所保育指針における表記（保育所、保育士等、子ども）
幼保連携型認定こども園教育・保育要領における表記（幼保連携型認定こども園、保育教諭等、園児）
幼稚園教育要領における表記（幼稚園、先生または教師、幼児）

4　領域「健康」と他領域との関係

領域の「ねらい」と「内容」について、幼稚園教育要領第２章の前文で、次のように述べられている。この章に示すねらいは、幼稚園教育において育みたい資質・能力を幼児の生活する姿から捉えたものであり、内容は、ねらいを達成するために指導する事項である。各領域は、これらを幼児の発達の側面から、心身の健康に関する領域「健康」、人との関わりに関する領域「人間関係」、身近な環境との関わりに関する領域「環境」、言葉の獲得に関する領域「言葉」及び感性と表現に関する領域「表現」としてまとめ、示したものであるとある。領域における「ねらい」は、小学校以上の教科のようにそれぞれが独立したものではなく、５つの領域の中で経験や活動を通して、相互に関連を持ちながら次第に達成に向かうものである。また、「内容」は、幼児が環境に関わって展

開する具体的な活動を通して総合的に指導されるものであることが強調されている。

子どもの活動が遊びを通して総合的に行われることを踏まえて、「鬼ごっこ」を例にとり、子どもの発達の側面を見るための視点として、5領域の関わりを考えてみる。鬼ごっこで思いっきり体を動かして走るという姿は領域「健康」、ルールを守って友達と一緒に遊ぶという姿は領域「人間関係」、遊びのなかで自分の思いを友達に伝えたり、わからないことを尋ねたりするという姿は領域「言葉」である。また鬼の役割をわかりやすくするためにお面などを作れば領域「表現」が関係し、鬼ごっこをする場所である園庭は領域「環境」となる。

このように子どもが取り組む活動で見られる領域は、それぞれが独立した存在ではなく、様々な発達の側面が密接に関連しあっている。遊びは総合的な活動であり、一つの活動を一つの領域から捉えるのではなく、様々な領域の視点から活動を捉えることが大切である。各領域に示されている「ねらい」と「内容」は、保育者が子どもの遊びや生活を通して計画的に環境を構成し、総合的に指導する際の視点である。

(引用・参考文献)

1　厚生労働省、2017年、『保育所保育指針（平成29年告示）』フレーベル館
2　内閣府・文部科学省・厚生労働省、2017年、『幼保連携型認定こども園教育・保育要領（平成29年告示）』フレーベル館
3　文部科学省、2017年、『幼稚園教育要領（平成29年告示）』フレーベル館
4　汐見稔幸/無藤隆監修、2018年、『保育所保育指針　幼稚園教育要領　幼保連携型認定こども園教育・保育要領　解説とポイント』ミネルヴァ書房

第５章
子どもの健康問題と健康教育
―体力・運動能力の低下〈教材と指導法の研究〉

日本の子どもの健康問題において、長きに渡って指摘され、解決のための取り組みが続いている問題に「体力低下」がある。ただ、国が行っている体力・運動能力調査によると、近年では低下傾向から向上の兆しと読み取れる運動項目も出てきており、問題解決のための継続的な取り組みが効果を上げていると期待される。ただ、体力・運動能力や運動習慣の二極化が指摘されるようにもなっており、今後も国の対策はもちろん、現場の教員や保育者が各家庭と連携して、幼児期・児童期からの運動習慣の確立と基本的な運動能力の底上げになる取組みを維持していくことが必要である。

1　体力・運動能力調査

子どもの「体力低下」の話をする際に、よく取り上げられる調査に体力・運動能力調査というものがある。これは国が第一回東京オリンピック開催の1964年から、これまで継続的に高齢者から小学生までを対象に実施してきている調査である。スポーツ医学では体力の身体的要素を「行動体力」と「防衛体力」と２つに分けて言うが、この体力・運動能力調査で測っているのは、行動体力の体を動かすための基礎となる力（筋力・持久力・瞬発力・柔軟性・敏捷性など）である。調査の項目は「握力」「50m走」「立ち幅跳び」「ソフトボール投げ」などである。当初の目的は、社会的なスポーツ振興の意味合いが強かったようだ。現在の主たる目的は、国民の体力水準を捉えるためであるとと

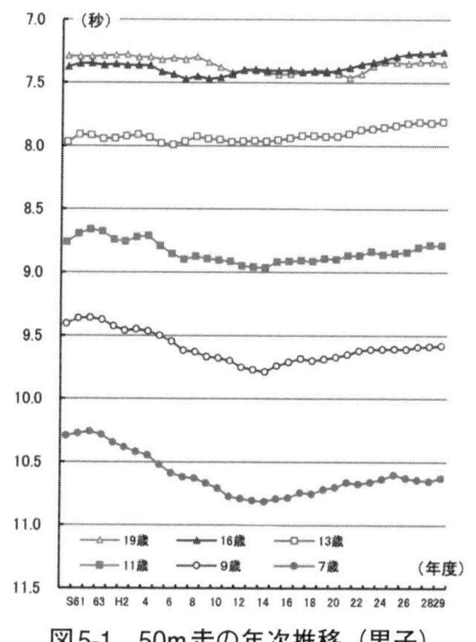

図5-1　50m走の年次推移（男子）

図5-2　50m走の年次推移（女子）

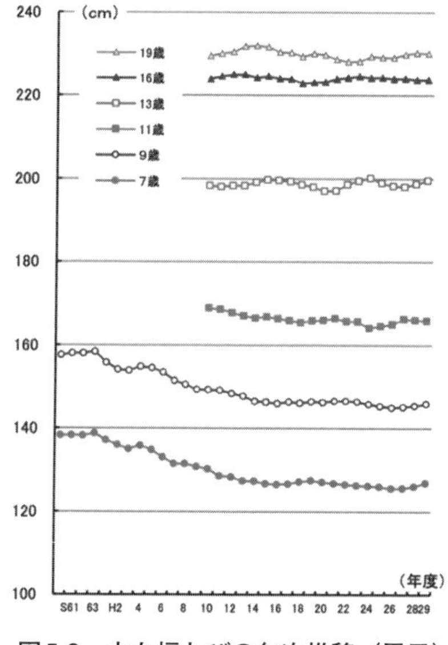

図5-3　立ち幅とびの年次推移（男子）

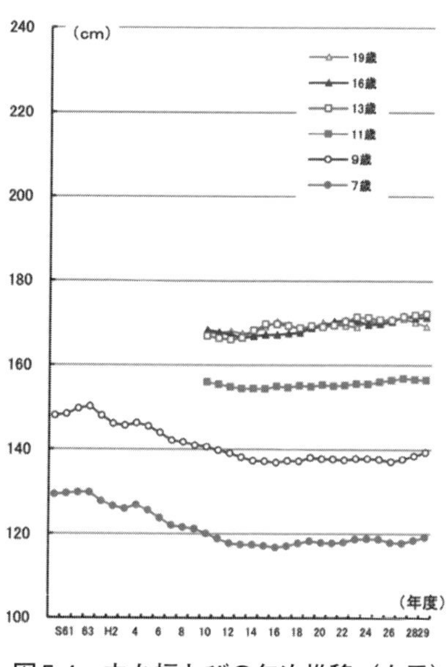

図5-4　立ち幅とびの年次推移（女子）

もに、体育・スポーツの指導と行政上の基礎資料を得るためである。

この調査によると、1980年代を境にそれ以降、児童・生徒の各年齢で各項目の平均値における低下傾向が指摘された。1985年頃をピークに、子どもの体力・運動能力は低下の傾向が長らく続いていた。いわゆる「下げ止まり」と言われた時期である。

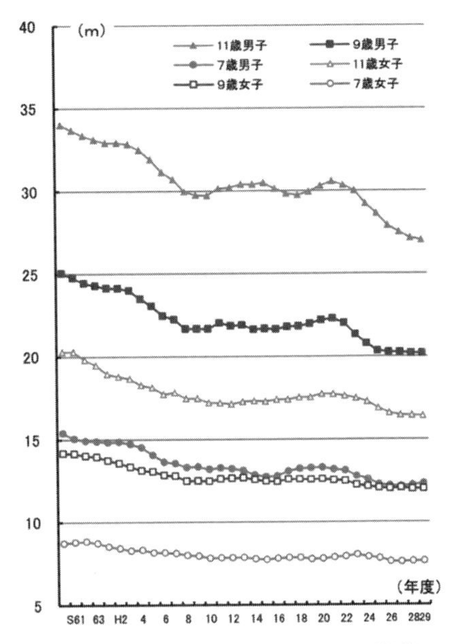

図5-5 ソフトボール投げの年次推移

図5-1から図5-5は、スポーツ庁が発表した平成29年体力・運動能力調査結果における年次推移の傾向を、50m走、立ち幅とび、ボール投げについて示した。また、次の図5-6では、文部科学省が平成18年体力・運動能力調査の結果の中で発表した、昭和61年(1986年)と平成18年(2006年)の11歳の基礎的運動能力(50m走・ソフトボール投げ)と体格(身長・体重)を比較したものを示した。これを見ると「体格は向上したが体力は低下している」と把握されてきた状況がよくわかる。

近年の調査の結果はどのように考察されているだろうか。文部科学省は2006年の結果の読み取りにおいて、「体力・運動能力は、長期的に見ると依然低い水準となっている。なお、ここ10年ほどは、低下のスピードが緩やかになる、あるいは、低下傾向のない項目がある。」と述べた。その後は体力水準が高かった1985年頃と比較すると依然低い水準との前置きはあるが、いくつかの項目で「向上の兆し」または「横ばいまたは向上傾向」との見解を出している。1985年頃のピーク値に比べると低い水準ではあるが、いくらかの向上

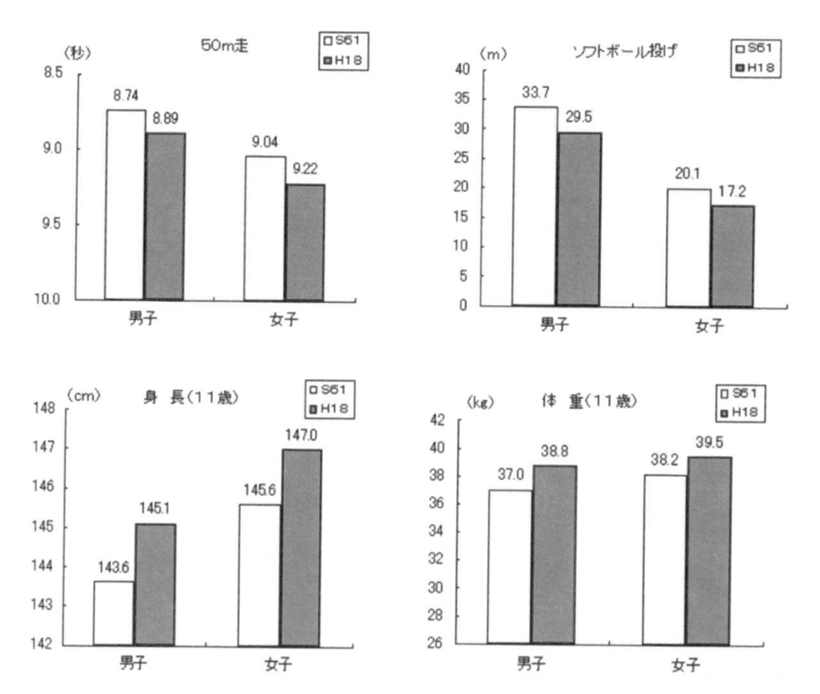

図5-6　20年前との基礎的運動能力及び体格の比較と基礎的運動能力の低下率（11歳）

の兆しがあることは明るい話題となった。ただし基本的な運動である、走る・跳ぶ・投げるの中で、投げるは向上の兆しがないままである。

また小学生への全国調査で、1週間にどのくらい運動するか（図5-7）、またその運動時間が多いか少ないかで体力・運動能力テストの結果を分析した（図5-8）ところ、二極化の傾向にあることが浮き彫りとなった。

体力・運動能力調査から小学校以上の児童・生徒に関して、子どもの運動能力がかつてに比べて低い水準であることが把握されてきた。それでは、就学前の幼児においてはどうだろうか。国の調査では幼児は対象となっていなかったため、幼児の体力・運動能力調査に乗り出した研究チームがあった。それによると、1966年から2008年にわたり6回行った全国規模の調査から、幼児も小

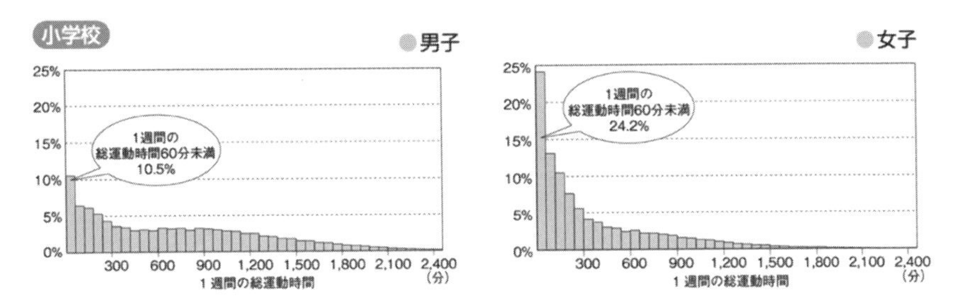

図5-7　1週間の総運動時間の分布（平成22年度）
子どもの体力向上のための取組ハンドブック（平成24年・文部科学省）

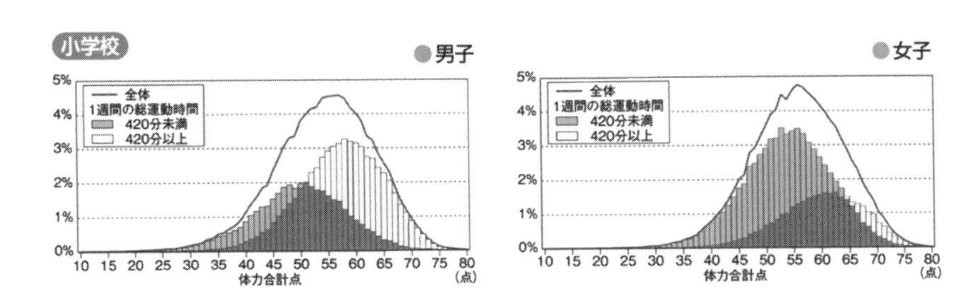

図5-8　1週間の総運動時間と体力合計点との関連(平成22年度)
子どもの体力向上のための取組ハンドブック（平成24年・文部科学省）

学生と同様に1980年代を境に低下の傾向が認められた。（森ほか, 2010年）これにより過去の年代と比べて子どもの体力・運動能力が低い傾向は、幼児期から始まっていることが分かった。

さらに、運動動作の発達の側面から、動きの習得ができていない子どもが多いのではないかという指摘をした研究（中村等, 2011）がある。この研究では、「走る」「跳ぶ」「投げる」「捕球する」などの7種類の動きを撮影して観察し、子どもの動きの発達度を5段階で点数化し評価した。例えば「走る」ならば「腕を振る」「足を蹴り上げる」など、「投げる」ならば「足のステップがあるか」「上体をひねっているか」などが評価項目である。それによると2007年の子ど

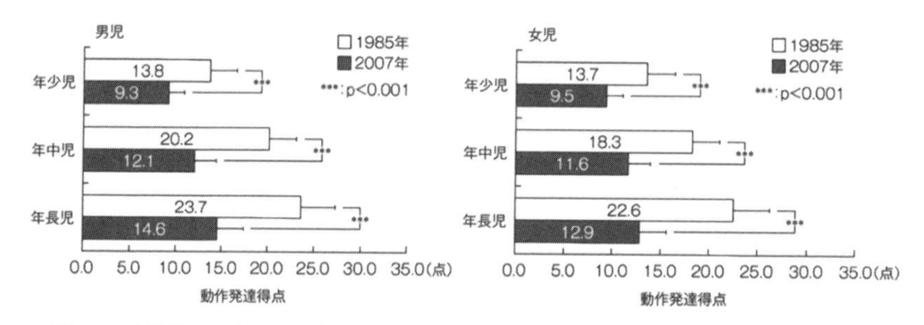

図5-9　性別にみた1985年と2007年との動作発達得点の平均値及び標準偏差

もの基本的な動作の習得状況は、1985年の同年齢の子どもと比べて低い段階に留まっていることが分かった。2007年の5～6歳（年長）は1985年の調査結果では3～4歳（年少）の結果と同等で、約2歳程度、動きの習得レベルが低いことになる。動きの習得ができていなければ、調査で測定しても体力・運動能力が高いという結果は出てこない。

2　体力低下と生活の仕方

子どもの体力低下の問題は、生活の仕方やが非常に関連している。炊事・洗濯・掃除などの日常の家事は、様々な家電の登場で負担が軽減された。車の普及と交通網の整備で、毎日の歩く機会は減った。パソコンやスマートフォンの保有率は高く、デジタル機器に触れている時間は増す一方である。仕事でパソコンを使用するデスクワーカーである場合、睡眠時間を除いたほとんどの生活時間において、デジタル画面を見て過ごしているようだ。ほとんど体を動かさなくても良い生活が、21世紀の今の実態である。

日常生活で子どもたちが体を動かしていないことが、子どもの体力低下や動きの習得の遅れなどが起きている原因となっているのではないかと考えられている。塙・野井（2018）は、小学生の歩数を調べた研究を年代別に比較し、地域や測定時期・測定方法によって異なるから、単純な比較は困難だが長期的には子どもの1日の歩数は減少傾向にあると述べている。歩数は身体活動量を客観的に表す指標として用いられており、歩数が減っているということは体を動かさない生活が標準となって、慢性的に身体活動が不足していると考えられる。

3　幼児期運動指針

国は幼児期からの体力・運動能力の底上げのために、幼児期運動指針を2012年に発表した。幼児期にどのような運動を体験するべきか、子どもに体験させたい多様な動きの例（「体のバランスをとる動き」、「体を移動する動き」、「用具を操作する動き」の３つのカテゴリーで動きを例示している。）と、それら多様な動きを含む遊びを示した。運動時間の目安も「毎日60分以上」と具体的に打ち出した。2017年版の三法令（幼稚園教育要領・保育所保育指針・幼保連携型認定こども園教育保育要領）の改定で、領域 健康に「多様な動きを経験する中で、体の動きを調整するようにすること。」という文言が入ったのも、この幼児期運動指針と関連している。子どもとの身体活動において、保育者に子どもの発達に合わせた多様な動きを活動に取り入れることを求める保育内容である。発達段階を考えても、運動の獲得において最も適した時期であることから、幼児期と児童期の多様な動きの体験は重要と言える。さらに、指導者に強制されるのではなく、面白いから自ら体を動かして遊ぶこと、その遊びの時間を通して運動が実現されること

図5-10　幼児期運動指針
普及用パンフレット

が望ましい。体を動かす楽しさや心地よさを感じることと共に、遊びながら様々な体の基本的な動きを培うことが重要である。

4　運動の教材と指導法の研究

子どもたちが思い思いに自分のやりたい遊びを自由に行っている場は「自由遊び」と言われることが多く、保育者が選んだ遊びやあらかじめ計画していた運動活動を、保育者を中心にクラスみんなで行う場は「一斉指導」と言われることが多い。ここでは一斉指導を想定して、いくつかの遊びと、その流れを紹介する。紹介する遊び、線歩き、どんじゃんけん、線おに、進化じゃんけんは、個々の遊びとして取り組むこともできるし、ひと流れに続けて行っても良い。(1) 線を歩く→ (2) どんじゃんけん→ (3) 線おに→ (4) 進化じゃんけんの順で遊びを展開する案を例として考えた。

(1) 線歩き

園庭や室内ホールに何本かの線を描く。直線であっても曲線でもいい。その線の上を、スタートになる端からゴールの端まで、色々な歩き方で動く。前歩き、後ろ歩き、横歩き、かえるになって歩く、うさぎになって歩く、○○（動物・人・物）になって歩く。

(2) どんじゃんけん

２チームに分かれ、線の端と端にそれぞれのチームの陣地を作る。合図があったら、それぞれのチームから一人が線を辿って歩き出す。途中で相手チームの一人と鉢合わせるので、「どーんじゃんけんぽん」の掛け声で二人はじゃんけんする。勝った方が線上を前進できる。負けた方は線から外れて自分の陣地へ戻り、負けた方のチームからはすぐに二人目が進み始めなければならない。また線上で二人が鉢合わせるので「どーんじゃんけんぽん」のじゃんけんを行う。この繰り返しで、線上を相手チームのいる端までより早く進むことができ、相手チームの陣地に侵入することができたチームの勝ち。

(3) 線おに

線をさらに増やして、縦にも横にも複数本を描こう。線上だけ歩ける（走れる）鬼ごっこである。線の上だけ動けることを子どもたち全員と体験してから、鬼を1人決めて10まで数を数えたら、鬼ごっこをスタートする。

(4) 進化じゃんけん

(1) で体験した色々な動物の歩き方を応用して遊ぶ。遊びの名前に「進化」とあるように、じゃんけんで勝つと次の動物に進化することができる。個々の動物の動きや移動の仕方を保育者が決めておくか、子どもたちと決めても良い。全員が最初は「かえる」からスタートする。かえる同士でじゃんけんして、勝った方は「にわとり」になれるが、負けた方は「かえる」のままである。この方法で色々な人とじゃんけんをして、勝つごとに「かえる」→「にわとり」→「うさぎ」→「にんげん」と体の動きを変えていく。「にんげん」になれた人は遊びの勝者であり、「にんげん」になれる人が多く出るまで続ける。どの動物にするか、状況によって保育者が変更したり、子どもたちと相談して変えたりしても良い。室内であれば「へび」の腹ばいの姿勢からスタートするのも良い。

これらの遊びで、子どもたちのどのような身体の動きを可能にしているだろうか想像してほしい。多様な動きの体験になっているだろうか。だんだんと少し息が上がるくらいの運動の強度になっているだろうか。遊びのルールはわかりやすくシンプルなものだろうか。身体の動きや運動の強度やルールを考えた時に、保育者が対象の子どもたちに合わせてアレンジしていく必要がある。また子どもたち同士の関わりがある内容になっているだろうか。いくつかの遊びをひと流れの活動として行う場合には、子どもの年齢と発達段階を踏まえる必要はあるが、個人で取り組む内容からグループまたはチーム、集団で取り組む内容へと展開させると良い。

引用文献・参考文献

1　塙佐敏・野井真吾、2018年、「小学生の日標身体活動時間確保のための強度別歩数指標の試み」『発育発達研究』78、p.13-23

2　波多野義郎、1979年、「ヒトは1日何歩歩くか」『体育の科学』29、p.28-31
　厚生労働省、2017年、『保育所保育指針〈平成29年告示〉』フレーベル館

3　前橋明・中永征太郎、2001年、「幼児の2年間における園内生活時の歩数ならびに筋力値の変動」『日本体育学会大会号』第52回、p.610

4　松井学洋、2018年、「歩数と身体活動量からみた幼稚園児の運動習慣の特徴」『教育学論究』10、p.137-141

5　文部科学省、2006年、「平成18年体力・運動能力調査結果」
https://warp.da.ndl.go.jp/info:ndljp/pid/286184/www.mext.go.jp/b_menu/houdou/19/10/07092511.htm［最終閲覧日 2023.5.8］

6　文部科学省、2012年、子どもの体力向上のための取組ハンドブック
https://www.mext.go.jp/a_menu/sports/kodomo/zencyo/1321132.htm［最終閲覧日 2023.5.8］

7　文部科学省、2012年、「幼児期運動指針」
https://www.mext.go.jp/a_menu/sports/undousisin/1319772.htm［最終閲覧日 2023.5.8］

8　文部科学省、2017年、「平成29年体力・運動能力調査結果」
https://www.mext.go.jp/sports/b_menu/toukei/kodomo/zencyo/1401184.htm［最終閲覧日 2023.5.8］

9　文部科学省、2017年、『幼稚園教育要領〈平成29年告示〉』フレーベル館

10　森司朗・杉原隆・吉田伊津美・筒井清次郎・鈴木康弘・中本浩輝・近藤充夫、

「2010年、2008年の全国調査からみた幼児の運動能力」『体育の科学』Vol.60 No.1、p.56-66
11 内閣府・文部科学省・厚生労働省、2017年、『幼保連携型認定こども園教育・保育要領〈平成29年告示〉』フレーベル館
12 中村和彦・武長理栄・川路昌寛・川添公仁・篠原俊明・山本敏之・山縣然太朗・宮丸凱史、2011年、「観察的評価法による幼児の基本的動作様式の発達」『発育発達研究 2011(51)』、p.1-18
13 中野貴博・春日晃章・村瀬智彦、2010年、「生活習慣および体力との関係を考慮した幼児における適切な身体活動量の検討」『発育発達研究』46、p.49-58

第６章
子どもの健康問題と健康教育
―感染症対策〈教材と指導法の研究〉

１　子どもの感染症対策の基本

子どもの感染症対策の基本は、概ね、大人と変わらない。

【標準的感染予防対策】

体液（血液、唾液など）、汗以外の分泌液（咳の飛沫、鼻汁など）、排泄物（お通じ、お小水）、吐物、傷のある皮膚、粘膜は、すべて感染の危険の可能性があると考える概念である。標準的感染症対策で、最も優先され、最も有効なのは、「手洗い」である。（CDC: Centers for Disease Control and Prevention=アメリカ合衆国疾病・予防管理センター1996年）

ＣＤＣが推奨する手洗い方法

①流水で手をぬらし、水を止めてせっけんをつける――水の温度は冷たくても温かくてもいい。せっけんは普通のタイプで十分だ。「薬用せっけん」を使い続けると、除菌どころか逆に耐性菌を生み出す危険性が増す。

②せっけんを泡立て、手のひらから手の甲、指の間、指先から爪の間までまんべんなく塗りつける。爪の間は、泡を盛った手のひらを引っ掻くようにするといい。

③手を少なくとも20秒間、こすり合わせる。タイマーを使ってもいいが、ＣＤＣお勧めの方法は「ハッピーバースデー」を２回歌い切る間、だそう

だ。

④流水で手をきれいにすすぐ。

⑤清潔なタオルで手を拭く。エアタオルを家庭に備えることは難しいので、ペーパータオルを用意しておくといいだろう。

近くに水道やせっけんがない場合は、アルコール濃度が60％以上の消毒液などで消毒する。

【感染経路別予防対策】

・空気感染：例：麻疹（はしか)、水痘（みずぼうそう)、結核、新型コロナウィルス（COVID-19） 病原体を含む粒子が5 nm以下のため、遠くに飛ぶため、感染が広がりやすい。対策として、換気、N95マスク（高機能マスク）着用、陰圧室への隔離などがある。

・飛沫感染：例　インフルエンザウィルス、溶連菌、新型コロナウィルス（COVID-19）など　対策として、不織布マスク着用などがある。

・接触感染：腸管出血性病原大腸菌、ノロウィルス、新型コロナウィルス（COVID-19）など　対策として、使い捨て手袋・使い捨てエプロン着用などである。

コラム

新型コロナウィルス（COVID-19）は、その感染経路として、90％は、飛沫感染とエアロゾル感染（空気感染）であり、その感染経路の10％は、接触感染である。従って、飛沫感染とエアロゾル感染（空気感染）対策として、換気、不織布マスク（新型コロナウィルス感染症を診療する医療機関では、N95マスク（高機能マスク）を着用する。また10％接触感染があるため、医療機関や家庭内感染時の介護する家族においては、使い捨て手袋。使い捨てエプロン着用を着用する。

2　教材研究：歌　例「手洗い大事」「マスクキッズ」

「手洗い　大事」歌

手洗い　大事

手洗い　大事

最初は、表、裏、指の間

次は、爪、親指です。

最後は、手首を洗いましょう。

きれいになって、

いい気持ち

（作詞　宮川　三平　2021年9月）

「マスクキッズ」

ぼくの名前は、マスクキッズ

わたしの名前も、マスクキッズ

みんなの大事な命を守るため、

不織布マスクをつけましょう。

怖いウィルスも退散だ。

（作詞　宮川　三平　2021年９月）

３　保育所における新型コロナウィルス（COVID-19）感染症の予防対策指導

新型コロナウィルス感染は、これまでの知見より、人と人との接触による感染が多く、環境からの感染は少ないことが明らかとなった。2020年９月に確認されたアルファ株や2021年５月より主流となったデルタ株と2021年11月より爆発的な感染拡大をおこしたオミクロン株は、共に感染力が強いと言われている。すなわち、従来の新型コロナウィルスに対して、その感染力はアルファ株が1.5～1.7倍、デルタ株が2.5～３倍と言われている。またデルタ株、オミクロン株は若年者にも感染しやする、園児への感染も心配されている。

新型コロナウィルスは、90％は飛沫感染あるいはエアロゾル感染（空気感染の一つ）により感染する。従って、保育現場では、園児（３歳以上）と保育者共に不織布マスクを着用が望ましい。園児がおやつやお食事をいただく時は、不織布マスクをはずすので、手洗い後に、対面せずにお話しないで社会的距離（６フィート＝約1.8m）を保つ。保育者も食事をいただく時は、手洗い後対面せずに会話をしないで社会的距離（６フィート＝約1.8m）を保つ。保育者は、通勤ラッシュなど密となりうる場合には、不織布マスクの上に布マスクを着用するのも感染予防に有効である。（CDC:　Centers for Disease Control and prevention 2021年１月）エアロゾル感染（空気感染）対策で、大切なのは、換気である。園内の対角線の窓をできれば保育中は常時開放して、必要により、外に向かってファンを回す。換気が良好かどうかは、保育室などのCO^2濃度測定が理想的である。しかしこれには測定機器が必要であるので、日本産業衛生学会産業技術部会より無料で提供されているソフトで換気状態を推測することも有用である。(日本産業衛生学会　産業衛生技術部会 - 新型コロナウイルス感染予防対策用換気シミュレーター (umin.jp)

残りの10%は、接触感染である。接触感染対策の基本は、「手洗い」である。登園時、おやつ、お食事の前後、トイレ後など園児に指導する。アルコール70〜80%による手指消毒も有効である。保育者は、トイレ介助、汚物処理など感染リスクの高い場合には、使い捨て手袋、使い捨てエプロン着用が有効である。(使い捨てエプロン：市販のものが手に入りにくい時は、スーパーなどのプラスチック袋で簡単に作れるスーパーのビニール袋で簡単！買うまでもない「使い捨てエプロン」の作り方！ - 暮らしニスタ (kurashinista.jp)) 環境では、保育室などの机、いす、プラスチック製おもちゃまたトイレやドアノブや水道蛇口などの消毒を園児が降園後、原則1日1回おこなう。消毒方法は、次亜塩素酸0.05%が奨められる。(家庭用洗剤で簡単に作れる。感染防止対策チラシ0618 (mhlw.go.jp)

第７章
子どもの健康問題と健康教育
—低体温症〈教材と指導法の研究〉

１　子どもの低体温とは

まず子どもの低体温と子どもの低体温症の区別より説明する。子どもの低体温は、明らかな定義はないが、35℃台の体温が一般的である。一方子どもの低体温症は、明らかな定義がある。深部体温（直腸温：38℃）が35℃未満となる場合で、医療的ケアが必要である。

子ども達の体温は、低下傾向にあると言う。小林湊らは、1978年に子どもの体温測定を行った。従来と比べて、子どもの平均体温は、0.3～0.6℃低い結果であったという。木村慶子らは、1970年～1993年までの24年間に10歳時の夏の林間学校での体温測定結果を報告している。木村慶子らによると、この24年間で、男女共に平均体温が低下し（女児で低下が明らかであった）、35℃台の低体温の頻度も増したという。

体温を調節する場所は、間脳の一部である視床下部にある。視床下部は、自律神経の中枢、睡眠の調節、食欲など摂食中枢、内分泌の最高次中枢などの働きもある。従って、自律神経、睡眠、食事、ホルモンなどが、体温に影響する可能性がある。また、朝食を摂ることにより、自律神経の交感神経が刺激され、活動開始のきっかけとなる。

2　教材研究

対象　5歳時

クイズ　1

クマさんは、なぜ冬（ふゆ）に長（なが）い間（あいだ）眠（ねむ）るのでしょうか？

鉛筆画で、かわいい動物と冬景色を描きました。
2冬眠編｜動物・子供・キャラクターのイラストレーター
中島智子 (nakajimatomoko.jp) より

① 冬（ふゆ）は、食べ物（たべもの）が、多（おお）いから

② 冬（ふゆ）は、食べ物（たべもの）が、少（すく）ないから

正解は、②

クイズ　2

朝（あさ）ごはんを食（た）べないと、体温（たいおん）は？

①　下（さが）る

②　上（あが）る

正解は、①

夜（よる）、遅（おそ）くまでおきていると、体温（たいおん）は？

①　上（あが）る

②　下（さが）る

正解は、②

3　指導法の研究

教材研究で、子ども達に、生活習慣の乱れ（朝食を食べない、睡眠不足など）が体温を下げることにつながることを理解させる。私たちの体の酵素は、37℃前後で、最も活動が良好となる。従って、低体温となると、私たちの体の酵素の働きが低下して、元気がない、だるそう、眠たそうといった様子が子どもに見られるようになる。朝食欠食や夜更かしなどの生活習慣の乱れは、低体温をきたし、子ども達の元気な活動の妨げになることを理解させる。

子ども達の生活習慣は、保護者の生活習慣に依存するところが多いため、子ども達の指導に加えて、園だより、日頃の保護者との会話や保護者会など、折にふれ、子ども達の元気で健やかな成長・発達のためには、十分な睡眠（早寝)、朝食を摂るなどの規則正しい生活習慣の大切さを再認識するように啓蒙することも重要である。

参考文献

・小林湊ら　小児の体温に関する研究—現在における正常体温　小児保健研究, 41(6):419-429 1982
・木村慶子ら　児童の体温に関する研究—24年間の比較＝

第8章
子どもの健康問題と健康教育
―食の問題〈教材と指導法の研究〉

1　乳幼児の食の課題と食育

平成27年度乳幼児栄養調査（厚生労働省）では、離乳食について困ったこととして（表1）、「作るのが負担、大変」、「もぐもぐ、かみかみが少ない」、「食べる量が少ない」、「食べものの種類が偏っている」などがあり、保護者の調理負担や食べ方や量、バランスなどについての困りごとがあげられており、離乳食について、何かしら困ったことがあると答えたものが、約7割いることが報

表1　離乳食について困ったこと

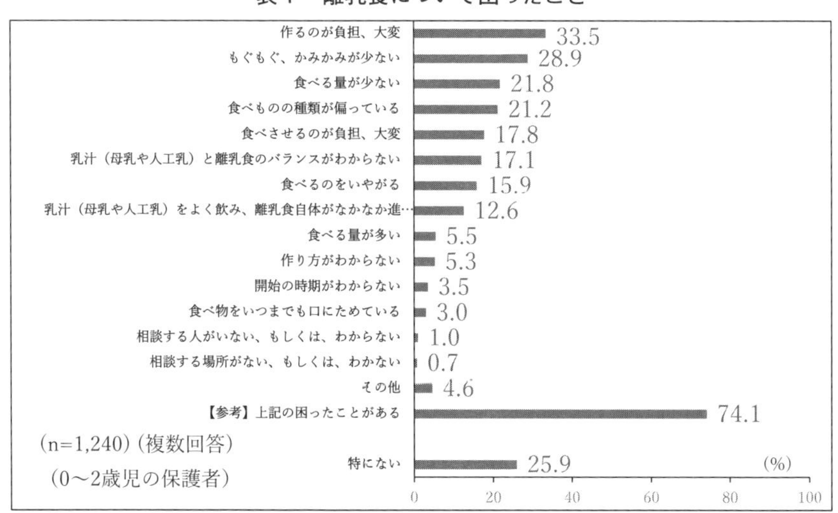

厚生労働省　平成27年度乳幼児栄養調査結果の概要

表2　現在　子どもの食事で困っていること

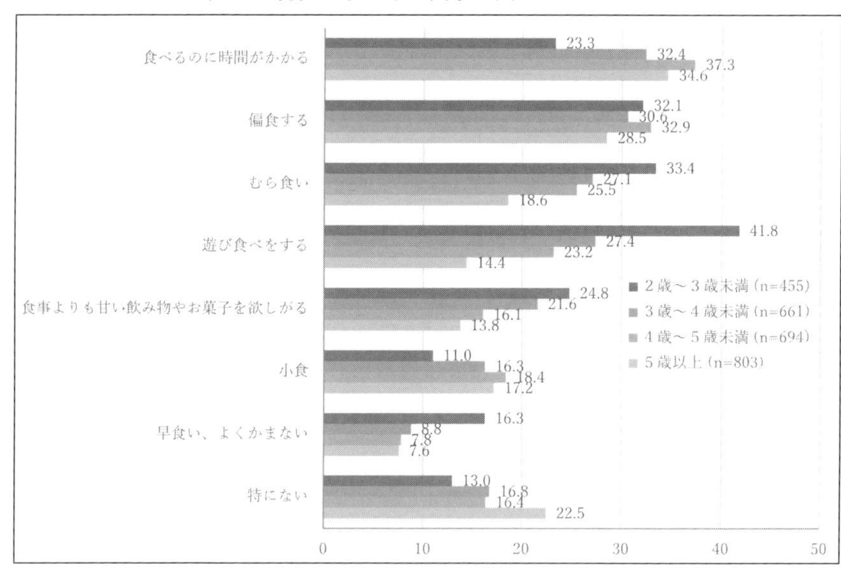

厚生労働省　平成27年度乳幼児栄養調査結果の概要

告されている。さらに、幼児期の食事で困っていることは（表２)、「食べるのに時間がかかる」、「偏食する」、「むら食い」、「遊び食べをする」などがあげられ、約８割の保護者が、何かしら幼児期の食事で困りごとを抱えていることが明らかになっている。このように、乳幼児期の保育の上で、食の支援を欠かせないものとなっている。

生まれてすぐの栄養は、母乳または育児用ミルクの授乳であるが、生後５，６か月頃になると、離乳食が開始される。授乳・離乳期は、「安心と安らぎの中で母乳（ミルク）を飲む心地よさを味わう」、「いろいろな食べ物を見て、触って、味わって、自分で進んで食べようとする」といった、安心と安らぎの中で食べる意欲の基礎作りをする時期である（表１)。離乳食の最初は、なめらかにすりつぶした食べ物から始まり、保護者や保育者にスプーンで食べさせてもらうが、離乳期の後期になると、食べ物の形が大きく、固くなっていき、自分

表3　発育・発達過程に応じて育てたい“食べる力”

授乳期・離乳期―安心と安らぎの中で食べる意欲の基礎づくり― ○安心と安らぎの中で母乳（ミルク）を飲む心地よさを味わう ○いろいろな食べ物を見て、触って、味わって、自分で進んで食べようとする 幼児期―食べる意欲を大切に、食の体験を広げよう― ○おなかがすくリズムがもてる ○食べたいもの、好きなものが増える ○家族や仲間と一緒に食べる楽しさを味わう ○栽培、収穫、調理を通して、食べ物に触れはじめる ○食べ物や身体のことを話題にする

厚生労働省　楽しく食べる子どもに～食からはじまる健やかガイド～　2004年

でつかんで食べたいという意欲が芽生え、「手づかみ食べ」が始まっていく。「おいしいね」「甘い味がするね」「これはにんじんだね」などと声をかけたり、食べた満足間に共感することにより、子どもの食べる意欲が育まれていく。

幼児期は、朝昼夕の３回の食事に１～２回の間食があり、食生活の基礎が作られる時期である。起床・就寝・食事時間を決め、日中は十分に遊ぶ習慣をつけさせることで、「おなかがすく」といった感覚がうまれていく。食べムラ、偏食・好き嫌いなどが出てくる時期でもあり、食べ慣れないものを嫌がる傾向にあるが、周囲の大人がおいしそうに食べている姿を見せたり、楽しい会話があることで、安心して食べられたり、食べられるものが増えていく。また、食に関する絵本やおもちゃ、栽培、収穫、調理、買い物、行事食や郷土料理などの楽しい食に関する体験を通して、食べ物への関心が深まっていくため、食事の時間以外にも、食の話題をしたり、体験を増やしていく。

２　教材研究

保育所保育指針（2018年）では、保育所における「全体的な計画」に基づいて、「食育の計画」を作成していく（表４）。その際に、食事の提供も食育計

表4　保育所保育指針における食育の記述（厚生労働省　保育所保育指針　2017年）

第３章　健康及び安全 ２ 食育の推進 ⑴ 保育所の特性を生かした食育 ア 保育所における食育は、健康な生活の基本としての「食を営む力」の育成に向け、その基礎を培うことを目標とすること。 イ 子どもが生活と遊びの中で、意欲をもって食に関わる体験を積み重ね、食べることを楽しみ、食事を楽しみ合う子どもに成長していくことを期待するものであること。 ウ 乳幼児期にふさわしい食生活が展開され、適切な援助が行われるよう、食事の提供を含む食育計画を全体的な計画に基づいて作成し、その評価及び改善に努めること。栄養士が配置されている場合は、専門性を生かした対応を図ること。 ⑵ 食育の環境の整備等 ア 子どもが自らの感覚や体験を通して、自然の恵みとしての食材や食の循環・環境への意識、調理する人への感謝の気持ちが育つように、子どもと調理員等との関わりや、調理室など食に関わる保育環境に配慮すること。 イ 保護者や地域の多様な関係者との連携及び協働の下で、食に関する取組が進められること。また、市町村の支援の下に、地域の関係機関等との日常的な連携を図り、必要な協力が得られるよう努めること。 ウ 体調不良、食物アレルギー、障害のある子どもなど、一人一人の子どもの心身の状態等に応じ、嘱託医、かかりつけ医等の指示や協力の下に適切に対応すること。栄養士が配置されている場合は、専門性を生かした対応を図ること。

画に含め、多職種、家庭及び地域社会との連携を図りながら実施し、評価、改善に努めていく。また、保育所の特性を生かし、子どもが生活と遊びの中で、意欲をもって食に関わる体験を積み重ね、食べることを楽しみ、食事を楽しみあえるような食育を展開していく。

幼稚園では、幼稚園教育要領（2018年）において、「先生や友達と食べることを楽しみ、食べ物への興味や関心をもつ」、「健康な生活のリズムを身につける」、「幼児の食生活の実情に配慮し、和やかな雰囲気の中で教師や他の幼児と食べる喜びや楽しさを味わったり、様々な食べものへの興味や関心をもったりするなどし、食の大切さに気付き、進んで食べようとする気持ちが育つようにすること」、といった記載がみられ、幼保連携型認定こども園教育・保育要領（2018年）では、健康な生活の基本としての食を営む力の育成に向け、その基礎を培うことを目標に、食育を展開していく。

食育というと、調理や栽培活動といったイベントに注目されがちであるが、乳幼児期は、「楽しく食べること」や「食に関わる体験」を積み重ねることが大切なため、日々の保育活動の中に食を盛り込むことが重要である。

食の教材として、シルエットクイズ、絵本、ペープサート、エプロンシアターなど、様々なものがあげられる。例えば、シルエットクイズは、簡単に作れて、年齢が幅広く楽しめる１つの食教材である。年齢が高い子には、シルエットを少しずつ見せたり、断面図にするなど、難易度を調整することもできる、わからない場合は、「オレンジ色をしているよ」「甘い味がする」といったヒントを出すこともできる。また、カードだけでなく、旬の食べ物の説明をしたり、給食前の時間に実施すれば、「この後の給食に、今出てきた野菜が出てくるから、探してみよう」と声掛けをし、給食への意欲につなげることもできる。給食の時間の時には、「さっきクイズで見せた野菜見つかったかな」といった声掛けをしたり、調理法の説明をすることで、調理への意欲や、調理・生産者への感謝を育むことにもつなげられる。また、既存の絵本や手遊びなどの活用も組み合わせるとよい。絵本や手遊びには、食べ物が入っているものが多いため、それらと上手く組み合わせると、食育の内容も拡がっていく。

〈教材〉食べ物のシルエットクイズ

給食・お弁当前の時間帯

準備物：食べ物のシルエット（カラーと白黒）カード

①食べ物のシルエットを見せ、何の食べ物かクイズを出す。
（見せる部分を少なくする、断面図にする、実物を用いるなどの工夫を、年齢に応じて）

②（給食が出る場合は、）この後の給食に、今出た食べ物が出てくるから探してみよう、などの声掛けを行う。お弁当の場合は、今日は、どんな食べ物が

入っているか、今出た食べ物が入っているか、探してみよう。などの声掛けを行う。

参考文献

厚生労働省　平成27年度乳幼児栄養調査結果の概要
厚生労働省　楽しく食べる子どもに～食からはじまる健やかガイド～　2004年
厚生労働省　保育所保育指針　2017年
文部科学省　幼稚園教育要領　2018年
内閣府　幼保連携型認定こども園教育・保育要領　2018年

第9章
子どもの健康問題と健康教育
ーアレルギー〈教材と指導法の研究〉

1　子どものアレルギー疾患について

(1) 小児喘息

小児喘息は、繰り返す喘鳴発作（ゼイゼイ）を呈する疾患である。その病態は、アレルゲン（ダニ、家のほこり＝ハウスダストなど）、大気汚染物質（窒素酸化物=NOx、硫黄酸化物=SOx、微小粒子様物質＝PM2.5、黄砂、オキシダントなど）、気象条件（台風、低気圧接近など）、心理的ストレスなどが原因で、気管支の平滑筋が、収縮（縮む）ことにより、喘鳴発作がおきることである。その基には、大人の喘息と同じように、慢性のアレルギー炎症があると考えられている。

喘息発作に対する対策で、最も大切なことは、予防である。すなわち、基にあるアレルギー炎症を抑えるために、吸入用ステロイドを毎日吸入する。また、ダニや、家のほこり＝ハウスダストを毎日の掃除や布団の丸洗いなどで、除去することも大切である。また、新型コロナウィルス感染症でも有効な大気汚染物質を除くために換気も有効である。

(2) 食物アレルギー

食物アレルギーは、まだ消化吸収を司る小腸が未成熟な6歳未満の子どもに多い。つまり、0歳からの5歳までの乳幼児に多い。0～3歳では卵・牛乳・小麦が三大原因であるが、4～6歳では、3位に小麦の代わりにピーナッツが

表. 年齢別の食物アレルギーの原因食材
海老澤元宏：厚生労働科学研究班による食物アレルギーの診療の手引き2014より

	0歳 (1,009)	1歳 (600)	2,3歳 (489)	4-6歳 (376)	7-19歳 (329)	≧20歳 (151)
1	鶏卵 56.5%	鶏卵 43.7%	鶏卵 29.0%	鶏卵 33.0%	鶏卵 15.8%	小麦 36.4%
2	牛乳 25.6%	牛乳 21.3%	牛乳 25.6%	牛乳 22.9%	牛乳 12.8%	甲殻類 13.9%
3	小麦 13.1%	小麦 7.8%	小麦 10.0%	ピーナッツ 11.4%	甲殻類 12.2%	魚類 11.3%
4		魚卵 7.3%	魚卵 7.6%	小麦 7.7%	ピーナッツ 11.9%	果物類 7.9%
5		ピーナッツ 4.5%	ピーナッツ 7.0%	果物類 5.6%	小麦 10.6%	ソバ 6.0%

入り、7～19歳では、甲殻類が３位となる。(表. 参照)

６歳頃の小腸の成熟に伴って、耐性（アレルギー症状が出なくなる）を獲得する食材がある一方　ソバなど耐性ができにくい食材がある。症状としては、図. に示されるように①皮膚・粘膜に症状（発疹、唇の腫れ、喉のかゆみなど）②消化器症状（嘔吐、下痢など）③呼吸器症状（咳、鼻汁、喘鳴など）④循環器症状（アナフィラキシーショック）である。(図. 参照)

③の呼吸器症状（ゼイゼイするなど）を呈する場合の1/3は、④のアナフィラキシーショックを起こす可能性があるので、要注意である。④のアナフィラキシーショックを起こした場合は、ただちにアドレナリン（エピペン®）を大腿外側に注射する。

診断は、原則入院して実際に少量の原因食物を摂取して、実際にアレルギー症状がでるかどうかを確認することにより行う（チャレンジテスト）。血液中の原因食物に対するIgE抗体の有無も参考となる場合がある。治療としては、原因食物を子どもに摂取させないこと（除去療法）が、原則である。最近では、

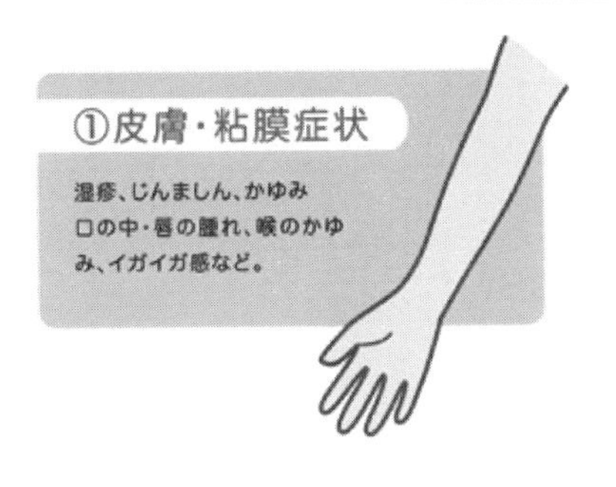

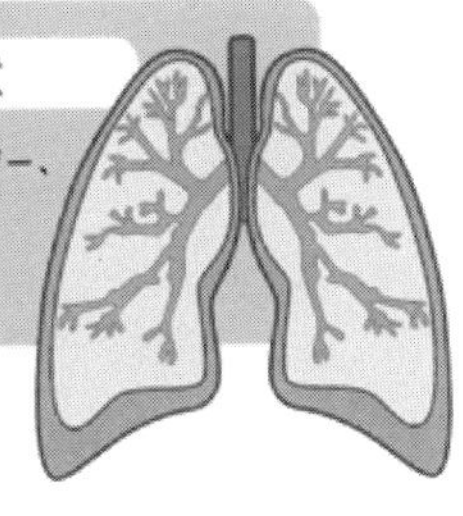

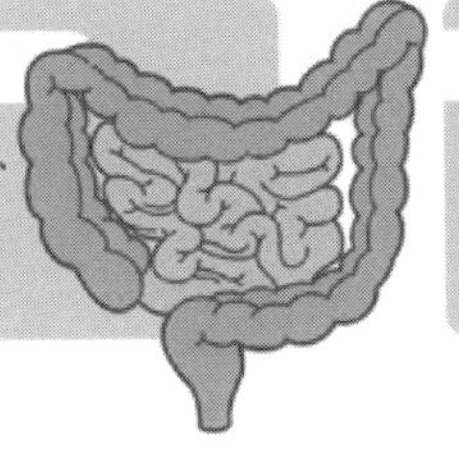

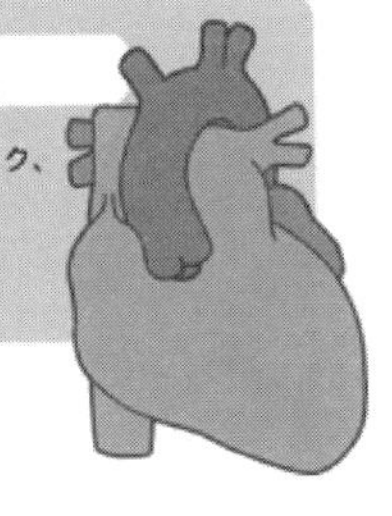

図．食物アレルギーの症状
海老澤元宏：厚生労働科学研究班による食物アレルギーの診療の手引き2014より一部改変

少量減感作治療（原因食物を極少量から、子どもに摂取させる）も試みられている。

2　教材：小児喘息　食物アレルギー

教材

・小児喘息

パネルシアター（市販のものを使用、あるいは学生自身が、下のテーマごとに制作する）

①　喘息をわかりやすく説明する。（気管支平滑筋が、アレルゲン、環境汚

染物質、ストレスなどで収縮する様子など）

② どんな症状（胸が苦しくなり、ゼイゼイする、）

③ 治療により、よくなることを伝える。

・食物アレルギー

パネルシアター（市販のものを使用、あるいは学生自身が、下のテーマごとに制作する）

① 食物アレルギー（卵、牛乳、小麦など）をわかりやすく説明する。

② どんな症状（体にぶつぶつができる、胸が苦しくなり、ゼイゼイする、吐く、下痢など）があるかを説明する。

③ 除去食について（みんなとは、違うおかずを、別の食卓でいただくなど）について、説明する。

3 指導法の研究

・小児喘息

２の教材を基に、小児喘息では、発作が起きた時に対処を指導する。

① 窓を開ける。（保育室など室内にある窒素酸化物＝NOx、硫黄酸化物＝SOxなどを室外に出す）

② 水分を摂る（痰が滑らかになり、排出しやすいようにする）

③ 気管支を広げるお薬（飲み薬、吸入など）を使う。

☆ お泊り保育の時などの、花火やキャンプファイヤーでは、煙が、かからないように小児喘息の子どもの位置は、風上となるよう指導する。

・食物アレルギー

食物アレルギーを持つ園児は、別メニューの食事である場合が多いので、原因食材を誤って摂取しないよう、他の子ども達に、わかりやすく説明すると共に、食物アレルギーのある子どもとの食品の交換や、他の子どもが原因食材を食物アレルギーの子どもに与えないよう、保育者は、食事や間食時に目を光らせる必要がある。

また、実習生も含めて、園全体で、食物アレルギーを有する子ども達の情報を共有することも大切である。皆で、食物アレルギーの子どもが安全・安心にお食事がいただけるよう心がける。

第10章
子どもの生活習慣と健康指導（食事）
―〈指導案の作成と模擬保育〉

1　家庭や園での食事

私たち人間は、食べ物でできており、「食事」は生命・健康の維持、発育・発達に欠かせないものである。「食事」は、私たちの体を作るだけでなく、心を育む大切なものであるため、毎日どんなものを、どのくらい、だれと、どんな風に食べるかによって、子どもの将来が変わっていく。

乳幼児栄養調査（厚生労働省、2017年）では、朝食を必ず食べる幼児の割合は、約９割であるが、保護者が朝食を食べない場合は、幼児の朝食摂取率が約８割を下回ることが報告されている。また、朝食をとっていても、主食のみなど、栄養バランスが整っていない食事であることも多い。また、経済的な暮らしにゆとりがある家庭は、魚、大豆・大豆製品、野菜、果物の摂取頻度が高く、ゆとりがない家庭は、菓子やインスタントラーメンの摂取頻度が高い傾向があることが示され、経済的な暮らし向きによって、子どもの食物摂取に差があることが報告されている。

保育所では、９割が自分の園に給食室を持ち調理する、「自園調理」で給食を提供している。自園調理は、調理した人の顔がわかる、温かいものが食べられる、美味しいにおいがする、きめ細やかな個別対応ができる、調理保育と給食との連携ができる、職員間の連携ができ、食育を効果的に推進することができる。保育所の給食は、学校のように学校給食摂取基準（給食のエネルギー、各栄養素量の基準）がないため、日本人の食事摂取基準（2020年版、文部科学省）をもとに、エネルギーや栄養素量を算出して、栄養バランスのよい給食を提供している。

幼稚園は、お弁当の所が多く、給食が出る場合は、自園調理ではなく、外部の給食会社で作られた給食を幼稚園で提供している園が多い。お弁当は、保護者の愛情を感じられ、お弁当箱にコンパクトに入っているので、食器に盛り付けるよりも、見た目が少なく見えるため、いつもより食べられたり、子どもの好みや量に合わせたものを用意することができるなどのメリットがある。お弁当は普段の食事や給食と同様に、主食、主菜、副菜を組み合わせて、栄養バランスの整ったものにする。赤、黄、緑、白、黒など、様々な色の食材を組み合わせると、おいしそうに見え、栄養バランスもよくなる。なお、お弁当は、作ってから食べるまでに時間があるため、衛生面に十分な注意が必要である。できあがった食材に直接手を触れぬよう、ラップやお箸、スプーン、フォークで盛り付け、よく冷ましてからお弁当の蓋をする、夏場は保冷剤を用いるなどの工夫をする。

2　家

楽しく食べる子どもに～保育所における食育に関する指針～（平成16年厚生労働省）では、食育の目標を、現在を最もよく生き、かつ、生涯にわたって健康で質の高い生活を送る基本としての「食を営む力」の育成に向け、その基礎を培うこととしている。保育所における食育は、楽しく食べる子どもに成長していくことを期待しつつ、５つの子ども像の実現を目指して行うこととされている（図１）。５つの子ども像に記載はないが、これらに栄養面を考えて食育を展開していく。例えば、「食べたいもの、好きなものが増える子ども」も、食べたいものや好きなものが、ポテトチップスやチョコレート、ジュースばかりでは、栄養が偏ってしまうため、どんなものを好きになってもらいたいのか

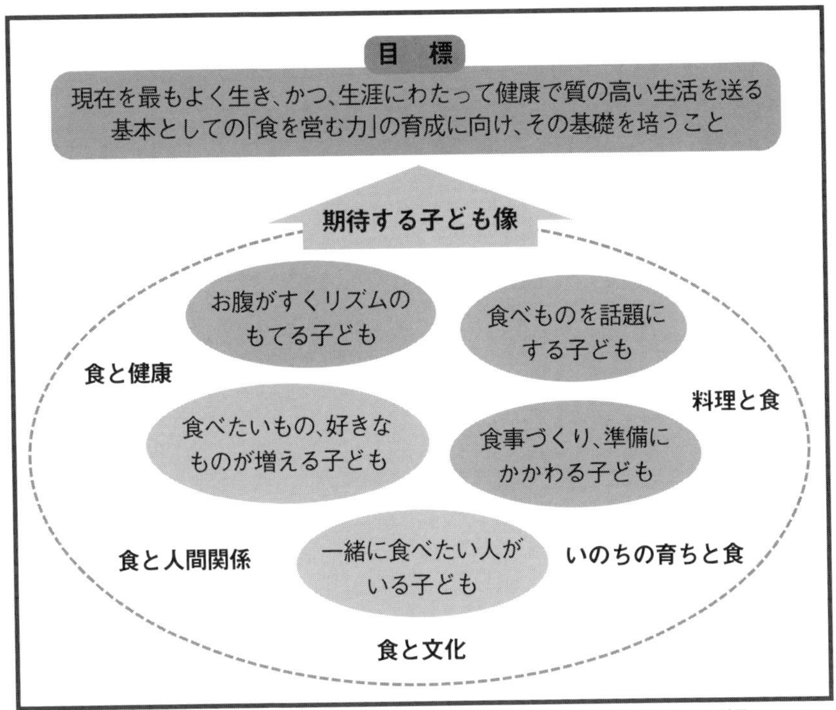

厚生労働省「楽しく食べる子どもに～保育所における食育に関する指針～」(平成16年3月)より引用

図1　楽しく食べる子どもに～保育所における食育に関する指針～（平成16年）

を考えて実践していく。また、一緒に食べたい人がいる子どもにするためには、楽しい会話のある食事時間を作る。食事づくり、準備にかかわる子どもになるためには、子どもと一緒に食事づくりや準備をする楽しい体験をする。食べ物を話題にする子どもにするためには、食事の時間やそれ以外の時間にも、食べ物の話題を出すことなど、日々の積み重ねによって、これらの子ども像が実現されていく。食育の内容は、ねらい（子どもが身につけることが望まれる心情、意欲、態度などを示した事項）および内容（ねらいを達成するために援助する事項）から構成されている（表1）。なお

表１　食育のねらい及び内容（楽しく食べる子どもに～保育所における食育に関する指針～）

食育のねらい及び内容

〈6か月未満児〉

ねらい	内容	配慮事項
①お腹がすき、乳（母乳・ミルク）を飲みたい時、飲みたいだけゆったりと飲む。 ②安定した人間関係の中で、乳を吸い、心地よい生活を送る。	①よく遊び、よく眠る。 ②お腹がすいたら、泣く。 ③保育士にゆったり抱かれて、乳（母乳・ミルク）を飲む。 ④授乳してくれる人に関心を持つ。	①一人一人の子どもの安定した生活のリズムを大切にしながら、心と体の発達を促すよう配慮すること。 ②お腹がすき、泣くことが生きていくことの欲求の表出につながることを踏まえ、食欲を育むよう配慮すること。 ③一人一人の子どもの発育・発達状態を適切に把握し、家庭と連携をとりながら、個人差に配慮すること。 ④母乳育児を希望する保護者のために冷凍母乳による栄養法などの配慮を行う。冷凍母乳による授乳を行うときには、十分に清潔で衛生的に処置をすること。 ⑤食欲と人間関係が密接な関係にあることを踏まえ、愛情豊かな特定の大人との継続的で応答的な授乳中のかかわりが、子どもの人間への信頼、愛情の基盤となるように配慮すること。

〈6か月～1歳3か月未満児〉

ねらい	内容	配慮事項
①お腹がすき、乳を吸い、離乳食を喜んで食べ、心地よい生活を味わう。 ②いろいろな食べものを見る、触る、味わう経験を通して自分で進んで食べようとする。	①よく遊び、よく眠り、満足するまで乳を吸う。 ②お腹がすいたら、泣く、または、喃語によって、乳や食べものを催促する。 ③いろいろな食べものに関心を持ち、自分で進んで食べものを持って食べようとする。 ④ゆったりとした雰囲気の中で、食べさせてくれる人に関心を持つ。	①一人一人の子どもの安定した生活のリズムを大切にしながら、心と体の発達を促すよう配慮すること。 ②お腹がすき、乳や食べものを催促することが生きていくことの欲求の表出につながることを踏まえ、いろいろな食べものに接して楽しむ機会を持ち、食欲を育むよう配慮すること。 ③一人一人の子どもの発育・発達状態を適切に把握し、家庭と連携をとりながら、個人差に配慮すること。 ④子どもの咀嚼や嚥下機能の発達に応じて、食品の種類、量、大きさ、固さなどの調理形態に配慮すること。 ⑤食欲と人間関係が密接な関係にあることを踏まえ、愛情豊かな特定の大人との継続的で応答的な授乳及び食事でのかかわりが、子どもの人間への信頼、愛情の基盤となるように配慮すること。

〈1歳3か月～2歳未満児〉

ねらい	内容	配慮事項
①お腹がすき、食事を喜んで食べ、心地よい生活を味わう。 ②いろいろな食べものを見る、触る、噛んで味わう経験を通して自分で進んで食べようとする。	①よく遊び、よく眠り、食事を楽しむ。 ②いろいろな食べものに関心を持ち、手づかみ、または、スプーン、フォークなどを使って自分から意欲的に食べようとする。 ③食事の前後や汚れたときは、顔や手を拭き、きれいになった快さを感じる。 ④楽しい雰囲気の中で、一緒に食べる人に関心を持つ。	①一人一人の子どもの安定した生活のリズムを大切にしながら、心と体の発達を促すよう配慮すること。 ②子どもが食べものに興味を持って自ら意欲的に食べようとする姿を受けとめ、自立心の芽生えを尊重すること。 ③食事のときには、一緒に噛むまねをして見せたりして、噛むことの大切さが身につくように配慮すること。また、少しずついろいろな食べ物に接することができるよう配慮すること。 ④子どもの咀嚼や嚥下機能の発達に応じて、食品の種類、量、大きさ、固さなどの調理形態に配慮すること。 ⑤清潔の習慣については、子どもの食べる意欲を損なわぬよう、一人一人の状態に応じてかかわること。 ⑥子どもが一緒に食べたい人を見つけ、選ぼうとする姿を受けとめ、人への関心の広がりに配慮すること。

〈2歳児〉

ねらい	内容	配慮事項
①いろいろな種類の食べ物や料理を味わう。 ②食生活に必要な基本的な習慣や態度に関心を持つ。 ③保育士を仲立ちとして、友達とともに食事を進め、一緒に食べる楽しさを味わう。	①よく遊び、よく眠り、食事を楽しむ。 ②食べものに関心を持ち、自分で進んでスプーン、フォーク、箸などを使って食べようとする。 ③いろいろな食べものを進んで食べる。 ④保育士の手助けによって、うがい、手洗いなど、身の回りを清潔にし、食生活に必要な活動を自分でする。 ⑤身近な動植物をはじめ、自然事象をよく見たり、触れたりする。 ⑥保育士を仲立ちとして、友達とともに食事を進めることの喜びを味わう。 ⑦楽しい雰囲気の中で、一緒に食べる人、調理をする人に関心を持つ。	①一人一人の子どもの安定した生活のリズムを大切にしながら、心と体の発達を促すよう配慮すること。 ②食べものに興味を持ち、自主的に食べようとする姿を尊重すること。また、いろいろな食べものに接することができるよう配慮すること。 ③食事においては個人差に応じて、食品の種類、量、大きさ、固さなどの調理形態に配慮すること。 ④清潔の習慣については、一人一人の状態に応じてかかわること。 ⑤自然や身近な事物などへの触れ合いにおいては、安全や衛生面に留意する。また、保育士がまず親しみや愛情を持ってかかわるようにして、子どもが自らしてみようと思う気持ちを大切にすること。 ⑥子どもが一緒に食べたい人を見つけ、選ぼうとする姿を受けとめ、人への関心の広がりに配慮すること。また、子ども同士のいざこざも多くなるので、保育士はお互いの気持ちを受容し、他の子どもとのかかわり方を知らせていく。 ⑦友達や大人とテーブルを囲んで、食事をすすめる雰囲気づくりに配慮すること。また、楽しい食事のすすめ方を気づかせていく。

〈3歳以上児〉

ねらい	内容	配慮事項
「食と健康」 ①できるだけ多くの種類の食べものや料理を味わう。 ②自分の体に必要な食品の種類や働きに気づき、栄養バランスを考慮した食事をとろうとする。 ③健康、安全など食生活に必要な基本的な習慣や態度を身につける。	①好きな食べものをおいしく食べる。 ②様々な食べものを進んで食べる。 ③慣れない食べものや嫌いな食べものにも挑戦する。 ④自分の健康に関心を持ち、必要な食品を進んでとろうとする。 ⑤健康と食べものの関係について関心を持つ。 ⑥健康な生活リズムを身につける。 ⑦うがい、手洗いなど、身の回りを清潔にし、食生活に必要な活動を自分でする。 ⑧保育所生活における食事の仕方を知り、自分たちで場を整える。 ⑨食事の際には、安全に気をつけて行動する。	①食事と心身の健康とが、相互に密接な関連があるものであることを踏まえ、子どもが保育士や他の子どもとの暖かな触れ合いの中で楽しい食事をすることが、しなやかな心と体の発達を促すよう配慮すること。 ②食欲が調理法の工夫だけでなく、生活全体の充実によって増進されることを踏まえ、食事はもちろんのこと、子どもが遊びや睡眠、排泄などの諸活動をバランスよく展開し、食欲を育むよう配慮すること。 ③健康と食べものの関係について関心を促すに当たっては、子どもの興味・関心を踏まえ、全職員が連携のもと、子どもの発達に応じた内容に配慮すること。 ④食習慣の形成に当たっては、子どもの自立心を育て、子どもが他の子どもとかかわりながら、主体的な活動を展開する中で、食生活に必要な習慣を身につけるように配慮すること。
「食と人間関係」 ①自分で食事ができること、身近な人と一緒に食べる楽しさを味わう。 ②様々な人々との会食を通して、愛情や信頼感を持つ。 ③食事に必要な基本的な習慣や態度を身につける。	①身近な大人や友達とともに、食事をする喜びを味わう。 ②同じ料理を食べたり、分け合って食事することを喜ぶ。 ③食生活に必要なことを、友達とともに協力して進める。 ④食の場を共有する中で、友達との関わりを深め、思いやりを持つ。 ⑤調理をしている人に関心を持ち、感謝の気持ちを持つ。 ⑥地域のお年寄りや外国の人など様々な人々と食事を共にする中で、親しみを持つ。 ⑦楽しく食事をするために、必要なきまりに気づき、守ろうとする。	①大人との信頼関係に支えられて自分自身の生活を確立していくことが人とかかわる基盤となることを考慮し、子どもと共に食事をする機会を大切にする。また、子どもが他者と食事を共にする中で、多様な感情を体験し、試行錯誤しながら自分の力で行うことの充実感を味わうことができるよう、子どもの行動を見守りながら適切な援助を行うように配慮すること。 ②食に関する主体的な活動は、他の子どもとのかかわりの中で深まり、豊かになるものであることを踏まえ、食を通して、一人一人を生かした集団を形成しながら、人とかかわる力を育てていくように配慮する。また、子どもたちと話し合いながら、自分たちのきまりを考え、それを守ろうとすることが、楽しい食事につながっていくことを大切にすること。 ③思いやりの気持ちを培うに当たっては、子どもが他の子どもとのかかわりの中で他者の存在に気付き、相手を尊重する気持ちを持って行動できるようにする。特

		に、葛藤やつまずきの体験を重視し、それらを乗り越えることにより、次第に芽生える姿を大切にすること。 ④子どもの食生活と関係の深い人々と触れ合い、自分の感情や意志を表現しながら共に食を楽しみ、共感し合う体験を通して、高齢者をはじめ地域、外国の人々などと親しみを持ち、人とかかわることの楽しさや人の役に立つ喜びを味わうことができるようにする。また、生活を通して親の愛情に気づき、親を大切にしようとする気持ちが育つようにすること。

ねらい	内容	配慮事項
「食と文化」 ①いろいろな料理に出会い、発見を楽しんだり、考えたりし、様々な文化に気づく。 ②地域で培われた食文化を体験し、郷土への関心を持つ。 ③食習慣、マナーを身につける。	①食材にも旬があることを知り、季節感を感じる。 ②地域の産物を生かした料理を味わい、郷土への親しみを持つ。 ③様々な伝統的な日本特有の食事を体験する。 ④外国の人々など、自分と異なる食文化に興味や関心を持つ。 ⑤伝統的な食品加工に出会い、味わう。 ⑥食事にあった食具(スプーンや箸など)の使い方を身につける。 ⑦挨拶や姿勢など、気持ちよく食事をするためのマナーを身につける。	①子どもが、生活の中で様々な食文化とかかわり、次第に周囲の世界に好奇心を抱き、その文化に関心を持ち、自分なりに受け止めることができるようになる過程を大切にすること。 ②地域・郷土の食文化などに関しては、日常と非日常いわゆる「ケとハレ」のバランスを踏まえ、子ども自身が季節の恵み、旬を実感することを通して、文化の伝え手となれるよう配慮すること。 ③様々な文化があることを踏まえ、子どもの人権に十分配慮するとともに、その文化の違いを認め、互いに尊重する心を育てるよう配慮する。また、必要に応じて一人一人に応じた食事内容を工夫するようにすること。 ④文化に見合った習慣やマナーの形成に当たっては、子どもの自立心を育て、子どもが積極的にその文化にかかわろうとする中で身につけるように配慮すること。
「いのちの育ちと食」 ①自然の恵みと働くことの大切さを知り、感謝の気持ちを持って食事を味わう。 ②栽培、飼育、食事などを通して、身近な存在に親しみを持ち、すべてのいのちを大切にする心を持つ。 ③身近な自然にかかわり、世話をしたりする中で、料理との関係を考え、食材に対する感覚を豊かにする。	①身近な動植物に関心を持つ。 ②動植物に触れ合うことで、いのちの美しさ、不思議さなどに気づく。 ③自分たちで野菜を育てる。 ④収穫の時期に気づく。 ⑤自分たちで育てた野菜を食べる。 ⑥小動物を飼い、世話をする。 ⑦卵や乳など、身近な動物からの恵みに、感謝の気持ちを持つ。 ⑧食べ物を皆で分け、食べる喜びを味わう。	①幼児期において自然のもつ意味は大きく、その美しさ、不思議さ、恵みなどに直接触れる体験を通して、いのちの大切に気づくことを踏まえ、子どもが自然とのかかわりを深めることができるよう工夫すること。 ②身近な動植物に対する感動を伝え合い、共感し合うことなどを通して自からかかわろうとする意欲を育てるとともに、様々なかかわり方を通してそれらに対する親しみ、いのちを育む自然の摂理の偉大さに畏敬の念を持ち、いのちを大切にする気持ちなどが養われるようにすること。 ③飼育・栽培に関しては、日常生活の中で子ども自身が生活の一部として捉え、体験できるように環境を整えること。また、大人の仕事の意味が分かり、手伝いなどを通して、子どもが積極的に取り組めるように配慮すること。 ④身近な動植物、また飼育・栽培物の中から保健・安全面に留意しつつ、食材につながるものを選び、積極的に食する体験を通して、自然と食事、いのちと食事のつながりに気づくように配慮すること。 ⑤小動物の飼育に当たってはアレルギー症状などを悪化させないように十分な配慮をすること。

「料理と食」 ①身近な食材を使って、調理を楽しむ。 ②食事の準備から後片付けまでの食事づくりに自らかかわり、味や盛りつけなどを考えたり、それを生活に取り入れようとする。 ③食事にふさわしい環境を考えて、ゆとりある落ち着いた雰囲気で食事をする。	①身近な大人の調理を見る。 ②食事づくりの過程の中で、大人の援助を受けながら、自分でできることを増やす。 ③食べたいものを考える。 ④食材の色、形、香りなどに興味を持つ。 ⑤調理器具の使い方を学び、安全で衛生的な使用法を身につける。 ⑥身近な大人や友達と協力し合って、調理することを楽しむ。 ⑦おいしそうな盛り付けを考える。 ⑧食事が楽しくなるような雰囲気を考え、おいしく食べる。	①自ら調理し、食べる体験を通して、食欲や主体性が育まれることを踏まえ、子どもが食事づくりに取り組むことができるように工夫すること。 ②一人一人の子どもの興味や自発性を大切にし、自ら調理しようとする意欲を育てるとともに、様々な料理を通して素材に目を向け、素材への関心などが養われるようにすること。 ③安全・衛生面に配慮しながら、扱いやすい食材、調理器具などを日常的に用意し、子どもの興味・関心に応じて子どもが自分で調理することができるように配慮すること。そのため、保育所の全職員が連携し、栄養士や調理員が食事をつくる場面を見たり、手伝う機会を大切にすること。

3　指導案の作成と模擬保育

食育の指導案の作成には、表１の食育のねらい及び内容を参考にするとよい。各年齢に応じたねらい、内容、配慮事項が記載されている。３歳未満時は、各項目に分けるのが難しいため、一括して示されているが、３歳以上児は、「食と健康」、「食と人間関係」、「食と文化」、「いのちの育ちと食」、「料理と食」の５項目に区分して、示されている。しかし、食育においても、子どもの具体的な活動を通して、実施していくものであるため、１つの項目だけでなく、相互に関連しあいながら、総合的に展開していく。

〈指導案例〉

○５歳児

食べ物の働きを知ろう

〈ねらい〉

・自分の体に必要な食品の種類や働きに気づき、栄養バランスを考慮した食事をとろうとする。（食と健康）

・健康、安全など食生活に必要な基本的な習慣や態度を身につける。（食と健康）

部分実習指導案用サンプル

実習生＿＿＿＿＿＿＿＿　指導者＿＿＿＿＿＿＿＿先生

<table>
<tr><td colspan="2">実施日:　　月　　日（　　）　天候:</td><td rowspan="4">準備するもの
机 2台
ペープサート
お弁当箱の絵
食材の絵カード
泡石鹸
使い捨てハンドタオル</td></tr>
<tr><td colspan="2">クラス:　　組　　歳児　　在籍　　名</td></tr>
<tr><td rowspan="2">子どもの状況
5 歳となり、食品の3色分類が、理解でき、忘れないことができるようになっている。家庭、園での食事や野菜栽培などを通して、食に対する興味が増している。</td><td>ねらい
自分の体に必要な食品の種類や働きに気づき、栄養バランスを考慮した食事をとろうとする。（食と健康）</td></tr>
<tr><td>内容（中心となる活動）
食べ物の働きを知ろう</td></tr>
</table>

時程	環境構成	予想される子どもの活動	援助の留意点
11 時	ピアノ　担任　教卓　学生　出入口　手洗い　机　机	外遊びが終わり、保育室に戻る。 机に座る。 配られたお弁当箱の絵と食材の絵カードを興味深く見る。 食品の3色分類を説明するペープサートを真剣に見る。	実習生は、ペープサートを教卓に置く。 担任と実習生は、園児に机に着席するよう促す。 実習生は、お弁当箱の絵と食材の絵カードを机の上に園児人数分を置く。 実習生は、準備したペープサートを用いて、食品の3色分類について説明する。
11 時 5 分	ペープサートは、園児に見えないよう裏返しに教卓の上に置く。 食品の3色分類について 赤:血液のイメージ=たんぱく質 黄色:太陽のイメージ=エネルギー源である糖質、脂質 緑:野菜のイメージ=ビタミン・ミネラル例リンゴは、赤い色が多いが、3色分類では、緑に入る。お豆腐は、白い色をしているが、3食分類では、赤となる。園児にペープサートを示しながら、丁寧に説明する。お弁当箱が、食材により3色分類をバランスよく配置させていることを、確認する。間違えても園児を受容する。理由を伝えて、食材をバランスよくお弁当箱に入れるよう園児を励ます。	用意されたお弁当箱の絵に、食材の絵カードを置いていく。 自分のお弁当箱と友達のお弁当箱を比較する。 栄養のバランスの取れたお弁当箱が、確認する。	お弁当箱の絵に食材カードを置くよう説明する。 実習生は、自分と友達のお弁当箱を比較するよう促す。 実習生と担任は、栄養バランスを確認する。
11 時 10 分		栄養のバランスの取れていない園児は、バランス取れた食材に変更する。 手洗い場に移動する。	栄養のバランスの取れていない園児には、指導する。 実習生と担任は、園児を手洗い場に誘導する。
11 時 20 分	手洗い指導 2人ずつ、順番に泡石鹸と使い捨てハンドタオルを用いて、手洗い指導をする。楽しく手洗いできるよう、「手洗い歌」を手洗い指導前にピアノ伴奏で、園児と合唱する。　食事の準備を園児に促し、「お弁当箱の歌」を合唱後に「いただきます」を合図に昼食をいただく。	「手洗い歌」を皆で歌う。 順番に、手洗いを行う。 手洗いで、気分よくなり、友達と談笑する。 昼食の準備をする。机をきれいに拭く。 各園児のコップ、お箸、スプーンなどを机の上に置く。 「お弁当箱の歌」を歌う。 「いただきます」と言って昼食をいただく。	実習生は、ピアノで「手洗い歌」の伴奏をする。 実習生と担任は、正しい手洗い指導を行う。 実習生は、園児に机をきれいに拭くよう促す。 実習生と担任は、園児に食事の準備を促す。 実習生は、ピアノにて、「お弁当箱の歌」の伴奏をする。 実習生と担任は、「いただきます」の発声を園児に促す。

・食事に必要な基本的な習慣や態度を身につける（食と人間関係）

〈内容〉

①ペープサートを使って、食べ物の働きが３つあることを説明し、その働きによって赤、黄、緑の３つに食べ物を分類することができることを伝える。（赤：体をつくるもとになる、黄：エネルギーのもとになる、緑：体の調子を整える）

②お弁当箱の絵を用意し、そこに食材の絵カードを入れて、お弁当を作ってもらう。

③作ってもらったら、答え合わせをしながら、バランスよく食べる方法を一緒に考える。

④今日の給食のメニューを紹介し、赤・黄・緑に分類してもらう。

⑤給食は、バランスよく栄養がとれることを説明する。

⑥栄養バランスよくとると、元気になることや、よく噛んで食べることの大切さを伝える。

⑦正しい手洗いの方法を一緒に行い、給食の準備をする。

参考文献

厚生労働省　楽しく食べる子どもに～食からはじまる健やかガイド～　2004年

第11章
子どもの生活習慣と健康指導（運動）
—〈指導案の作成と模擬保育〉

幼児期は、巧みな動きや洗練された動きができるようになることよりも、運動の楽しさを体験したり、いろいろな動きに挑戦したり、友だちや保育者と楽しんで体を動かすことを指導の主眼として、運動嫌いの子どもを作らないことを念頭に置きたい。そういった運動に対する前向きな姿勢による体験の積み重ねをすることが、将来も真剣にスポーツに取り組んだり、生涯にわたって運動に親しんだりといった態度を養うことにつながる。幼児期から運動習慣をしっかりと作れているかどうかが、幼児期のみならず、一生涯の健康維持に影響すると考えられる。

1　運動の重要性

運動の重要性としてまず一つ目に、運動は健康のために非常に良い効果をもたらす。健康であるためには、基本的な生活習慣である運動・食事・睡眠のそれぞれの質と、これらが良い生活リズムの中で行えているかが、土台として必要である。十分に体を動かすと、お腹が空き、眠くなる、生き物として必要な生きるためのサイクルである。相互に関連する基本的生活習慣を維持するために、運動をしっかりと日常的に行い、日中の体の活動量を上げることが大切である。

また運動は基本的な体力・運動能力を養うためにも必要である。現代の子どもたちは、日常生活を営む上で必要な動きを習得しているのか、不安視する声もある。「転んで手をつけない」「つまずいてよく転ぶ」「顔に怪我をする」といった子どもが増えている。加えて、1970年代から始まり継続的に行われている、保育者・教員が感じる子どもの体のおかしさに関する調査研究によると「すぐ疲れて歩けない」「すぐに疲れたという」「床にすぐ寝転がる」「背中ぐにゃ」などの項目が結果の上位に挙がる。一生の付き合いとなる自分の体を自分で守ることができるよう、生きていくために必要な身のこなしや持久力や姿勢維持の力を養っておきたい。

さらに健康のために運動を行うことは、肥満を防ぐ目的もある。幼児期・児童期に肥満傾向の子どもが一定数いることが分かっているが、食事の問題だけではなく、運動習慣の無さが関連していると指摘されている。いったん肥満症になると成人後も継続する可能性が高く、ゆくゆくは生活習慣病になる危険性があることから幼児期・児童期からこれを防いでいく必要がある。

幼児期は身体的な発達の著しい時期で、身長や体重、胸囲など体格が増していくのはもちろん、脳・脊髄・神経などの神経系の諸機能が急速に発達すると言われている。体を動かすことを通して多様な運動刺激を得ることは大変重要で、体のバランスをとる動きや体を移動する動き、さらに用具などを操作する動きの獲得へと進んでいく。動くことが、運動器である骨、筋肉、関節、神経への刺激にもなっている。骨は運動による適度な衝撃により強度と密度が増す。筋肉は発達に伴って筋力は増強されていくが、運動の刺激も重要で、多くの筋繊維が徐々に太くなり筋肥大へとつながる。関節は筋肉がつなぐ骨と骨の間にある訳だが、関節の動きを繰り返すことで、各関節の安定性および可動域の要求に応じた形態を最適化していく。

また精神的な発達にも運動は欠かせない。幼児にとって全身を動かす運動遊びは、様々な感情を生起させる場面となる。ただ走ることに喜びを感じているとか、できなかった運動ができた瞬間に嬉しさを爆発させるなどの快の感情から、走っていて転んだとか、できるようになりたいのに思うようにいかないと、泣き出したといった不快の感情など、様々な感情が短時間のうちに表出する。また友だちと一緒に運動遊びをするなら、思い通りに行かずに怒ったり、競争して負ければ悔しい気持ちを体験したりする。また、運動遊びによって得られる成功体験は、自分の身体への自信や有能感を持つことにつながると考えられ、心の安定や意欲的な態度を養うことにもなるだろう。

さらに近年では、運動が脳の認知機能、特に実行機能を高めることが研究によって分かってきた。東浦・紙上（2017）によると実行機能とは論理的思考力・問題解決能力・計画力を構築する能力で、このような高次認知機能が学力と密接に関わることに注目した研究が2000年代に入って多く発表されているという。習慣的な運動が子どもの認知機能を育み、学力の向上にも寄与することが示唆されている。

2　運動時間と環境づくり

乳幼児期の子どもが１日にどのくらいの時間、体を動かしているのか、保護者が回答している乳幼児栄養調査（厚生労働省2015年）というものから把握する。図11-1によると平日１時間以上は体を動かしているのが約78％という割合であった。「１日60分は体を動かそう」というのが目安となるので（第５章３幼児期運動指針より）平日についてはそれを超える子どもが多かった。

ただし平日と土日では、体を動かしている時間に違いがあることがわかる。平日はおそらく幼稚園や保育園、こども園などで自由遊びの時間や一斉指導の運動の時間に、全身を使った遊びや運動の時間が確保されている。しかし土日には、子どもが自発的に体を動かして遊ぼうとする時、様々に制限されることが想像される。家が狭い、庭は無いという場合や、近所の道路や道端は交通事故の危険性が懸念される場合もあるだろう。雑木林や野原は、都市開発や防犯の理由から無くなった場合もある。また公園に行っても、子どもだけで安全に

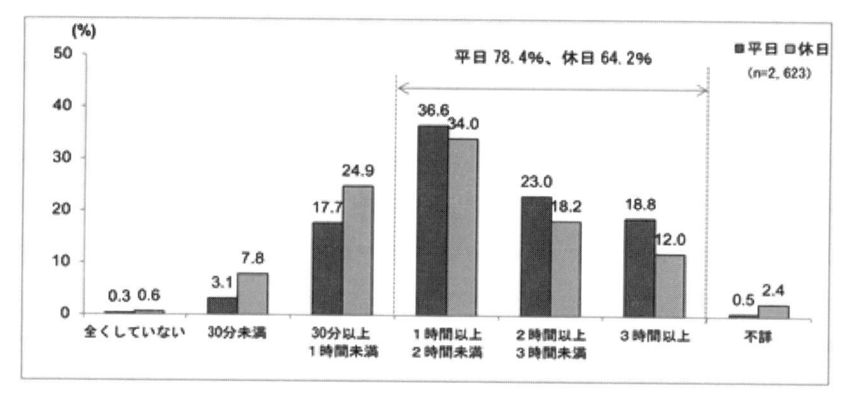

図11-1　１日に平均で体を動かしている時間*（平日・休日）（回答者：２〜６歳児の保護者）

* 全身を使った遊び・運動（鬼ごっこ、かくれんぼ、ボール遊び、すべり台、砂遊びなど）、通園時の歩行や散歩などが含まれます。

自由に遊べるかというと、犯罪に巻き込まれる心配もある。子どもたちが遊ぶためには保護者が同伴することになるが、土日くらいは家で休みたい、出かけるとしても自家用車でゆっくりと過ごせる所へ行きたいというのが保護者の本音なのではないか。そもそも公園がボール遊び禁止になったり、危険だからと遊具が撤去されたり、今どきの公園の在り方は子どものための場所とは言えない現状も見受けられる。このような事を踏まえると、子どもたちが在園している時に、思い切り全身を動かして遊ぶ時間を作っていくことが大変重要となる。

また体を動かしたいと思うような環境づくりも大切である。園庭の広さや環境はそれぞれの園の立地条件によって変わるだろう。幼児期の子どもたちにとって適した遊び場の広さというものがあると考えられる。また遊具の種類や数も園の考え方によってそれぞれに違うだろう。ただ単に大型の遊具が敷地の大部分を占めているような園庭よりは、思い切り走れる開けた場所、遊びの目印やランドマークになる自然物、触感を刺激する形の可変性ある砂場、隠れられるトンネルなどの構造物や木立などの自然物、駆け上がりたくなる隆起した地面、こういった多様な動きや遊びのイメージを触発する環境を考えていくべきだろう。そして、様々な気質の子どもがおり、園庭に走り出てすぐさま遊びたいように遊びだす子どもばかりではない。話をしたり絵本を読んだりも出来て、園庭を見渡せて、かつ軽い運動ならできるような保育室と園庭の境界をゆったりとつなぐようなテラスもあると、クラスの子どもの状況に合わせて保育者の支援の幅を広げられるのではないだろうか。また、必ずしも園庭の広さや遊具が充実していない都市型の園もある。その場合は、各園や各クラスで工夫して近隣の公園に散歩に出かけ、開けた空間や自然に戯れる機会を作り出す必要がある。このような場合も、遊びの中で多様な体の動きが可能となっているか保育者が子どもの体の動きを考察していく必要がある。

3　運動習慣の指導

幼児期に外遊びしていた児童は日常的に運動し、体力も高いことが分かっている。図11-2はスポーツ庁の平成29年度体力・運動能力調査結果の分析から引用した。それによると、入学前の外遊びの実施頻度が高いほど、10歳の時点で運動・スポーツ実施頻度が高い、または入学前の外遊びの実施頻度が高いほど、体力・運動調査の結果が高い。よって幼児期に運動習慣をしっかりと作

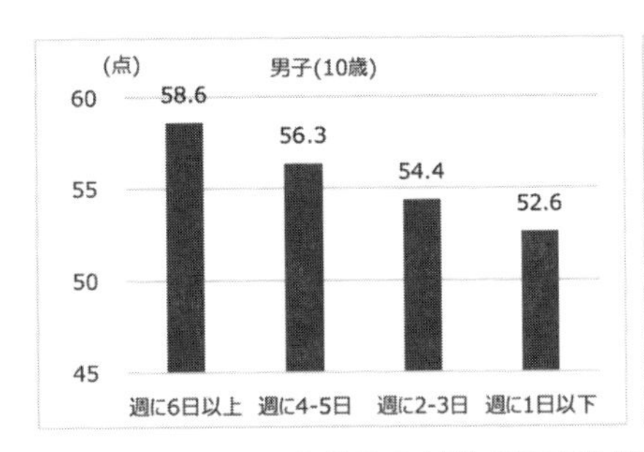

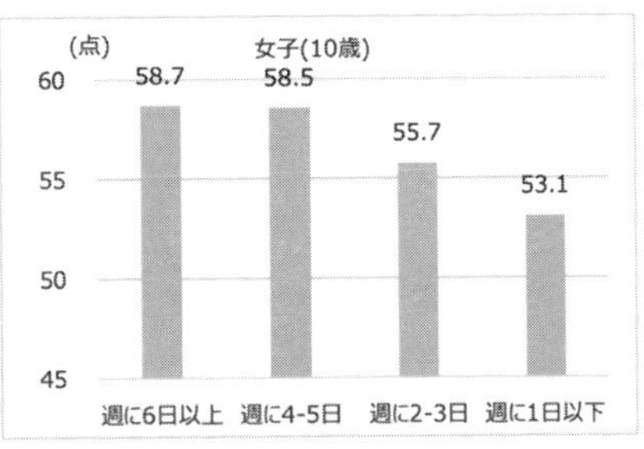

図11-2　入学前の外遊びの実施状況別新体力テスト合計点（10歳）

ること、遊びの面白さ、特に外遊びによって遊びを通して全身を動かすよう促すことが重要である。体を動かすことが楽しいという経験や、多種多様な動きを取り入れた運動経験ができるよう導くことが求められる。

ただ、運動が苦手な子ども、嫌いな子どもは、身体活動から離れていく状況も想像できる。運動が好きな子どもは自分から運動に取り組み、生活の中で身体を動かすことを厭わず運動の習慣も続いていく。そうではなかった場合に、小学校入学後やもしかしたらその後の長い人生において、運動に積極的に取り組むことがなくなってしまうかも知れない。幼児期は、運動との出会い、そして運動習慣の獲得において重要な時期であり、運動への心象を作る時期なのだと考える。

また、2の運動時間と環境づくりにおいて述べたが、子どもたちが家庭で過ごす時に自発的にまた積極的に運動しようとする機会は難しくなっているのが現状である。そのため保育者は家庭でも取り入れられる運動遊びの提案ができることが望ましい。園庭では遊べない土日に、開けた場所や自然がある場所に出かけて子どもたちが思い思いに遊ぶことができれば、それが最も望ましい。しかしそうは出来ない都市型の生活をしている子どもたちには、家庭の家具や生活用品を使って運動遊びをする機会を作れないか、家庭と連携しながら保育者は試行錯誤したい。

新しい遊びのアイディアを提案することが難しければ、昔遊び（独楽や竹馬やけん玉など）を家庭での運動遊びとして推奨していくのも良いのではないか。昔遊びはそこまで広い空間は必要ないので取り組みやすく、やってみると体幹または腰部を良く使うため体の使い方の体験にもなる。保護者がやったことのある昔遊びならば、親と子のコミュニケーションにもつながるのではないか。

また、シンプルに子どもと歩くことを家庭に向けて勧めるのも良いだろう。保育者が近隣の公園の場所や特徴をまとめたマップを作成し各家庭に配布しておき、土日に子どもと一緒に出かけてもらう。土日の親子散歩を、歩数や時間、散歩の写真などで記録してもらうのも良いのではないだろうか。頑張りすぎず、手軽に始められる内容を運動習慣のきっかけとして提案していくことが、運動習慣を形成するためには大切である。

引用文献・参考文献

1 秋田喜代美・辻谷真知子・石田佳織・宮田まり子・宮本雄太、2018年、「園庭環境の調査検討：園庭研究の動向と園庭環境の多様性の検討」『東京大学大学院教育学研究科紀要』57、p.43-65

2 東浦拓郎・紙上敬太、2017年、「子供の体力と学力・認知機能の関係」『Journal of Health Psychology Research』29、p.153-159

3 北野利夫、2008年、「筋肉・関節の成長・発達」『バイオメカニズム学会誌』32（2）、p.61-64

4 厚生労働省、2015年、「平成27年度乳幼児栄養調査の概要」 https://www.mhlw.go.jp/stf/seisakunitsuite/bunya/0000134208.html［最終閲覧日 2023.5.8］

5 森丘保典・窪康之・熊川大介・原光彦、2019年、「発育期の運動・スポーツ実施に関する研究動向について」『日本スポーツ協会スポーツ医・科学研究報告集』p.4-17

6 文部科学省、2017年、「平成29年体力・運動能力調査結果」 https://www.mext.go.jp/sports/b_menu/toukei/kodomo/zencyo/1401184.htm ［最終閲覧日 2023.5.8］

7 文部科学省、2022年、学校保健統計調査 https://www.mext.go.jp/b_menu/toukei/chousa05/hoken/kekka/k_detail/1411711_00006.htm［最終閲覧日 2023.5.8］

8 野井真吾・阿部茂明・鹿野晶子・野田耕・中島綾子・下里彩香・松本稜子・張巧鳳・斉建国、2016年、「子どもの”からだのおかしさ”に関する保育・教育現場の実感:「子どものからだの調査2015」の結果を基に」、『日本体育大学紀要』46（1）、p.1-19

9　日本学術会議、2011年、「子どもを元気にする運動・スポーツの適正実施のための基本指針：提言」https://www.scj.go.jp/ja/info/kohyo/pdf/kohyo-21-t130-5-1.pdf［最終閲覧日 2023.5.8］

10　日本学術会議、2017年、「子どもの動きの健全な育成をめざして ―基本的動作が危ない―」https://www.scj.go.jp/ja/info/kohyo/pdf/kohyo-23-t245-1.pdf［最終閲覧日 2023.5.8］

指導案の例として、室内での運動遊びで、5歳児のフラフープリレーを挙げた。午前の自由遊びの時間を経て、クラスでの活動に移っている時間帯で設定した。場所はホールなどの広いオープンスペースを想定している。または各クラスの保育室でも、机や椅子を片付けて、ある程度の広さが確保できるなら可能である。

このフラフープリレーは、友達と協力して何かに取り組むことが出来るようになってきている頃に行うと良い。また、フラフープを体でくぐり抜けるためには、体の動かし方を考えて調整することが求められ、実際に体験する中で、子どもたち自身が気づくことや工夫することが出てくるだろう。子どもたちがやってみる前に、大人が見本を示すことが必要な場合はあるが、もし子どもたち自身に考える時間が取れるなら、体の動かし方を考えるように促すと良い。友達とともに力を合わせたり考えを出し合ったりする中で、みんなでやり遂げる喜びを感じることができるように、取り組みたい。

部分実習指導案用サンプル

実習生＿＿＿＿＿＿＿＿　指導者＿＿＿＿＿＿＿＿先生

実施日:　月　日（　）　天候:		準備するもの フラフープ２本 ※１本ずつ色の違うものにする。 ※子どもがくぐれる大きさのものにする。 ※子どもが手で持ちやすい大きさのものにする。 笛
クラス:　組　５歳児　在籍　16名		
子どもの状況 ・様々な遊びを経験して、ゲーム性のある勝ち負けがある遊びを楽しむ。 ・友達と協力してルールを守って遊ぶことの大切さに気づいている。	ねらい 体の動かし方を調整したり、工夫したりすることができる。 チームで協力してルールを守って取り組むことができる。 内容（中心となる活動） フラフープリレー	

時程	環境構成	予想される子どもの活動	援助の留意点
10:45	ホール ステージ 窓　ピアノ ● ○○○○○○○○ ○○○○○○○○ □ ●実習生　○子ども　□保育者	○実習生の前に集まり座る。 ・これから何をするのか楽しみに待つ。 ・なかなか集まらない子もいる。 ・「座って」と子ども同士で声をかける様子もある。	○集まったら座るよう促す。 ・集まった子の様子を見ながら、まだ集まれていない子に声をかける。
10:50	フラフープは、集まる場所の近くに置いておき、使うまでは見えないようにする。	○実習生の話を聞く。 ・フラフープを使ったことがあると言う子がいる。 ・早くやりたいと活動を楽しみにする子がいる。 ・あまり乗り気ではない子もいる。	○導入を行う。 ・今日はフラフープを使った遊びを行うことを伝えて、フラフープを見せる。 ・少し前の運動会のリレーでチームでの協力があったことを話題にする。 ・あまり乗り気ではない子に、目を見てしっかりと声をかける。
11:00	<フラフープリレー（直線）の説明> ①チームで手を繋いだ状態で、先頭の子からフラフープを頭から足へとくぐり、次の子へと渡す。 ②最後の子がくぐったら終わり。 ③チーム戦では、最後の子がくぐったのが早かったチームの勝ち。 ④動きを練習した後、２チームで競争して行う。	○遊びのルールを聞く。 ・「難しそう」「簡単そう」など様々な反応がある。 ・静かに聞かずに友だちに話しかけている子もいる。 ・分からないことを質問したり、ルールが理解できたことを実習生に伝えたりする。	○遊びのルールを説明する。 ・チームで手を繋いだ状態で、先頭の人からフープをくぐり、順番にくぐって行き、最後の人までくぐれたら成功する遊びだと伝える。 ・聞いていない様子の子に、全員がルールを分かっていないと遊び始められないことを伝える。 ・まずは練習をしてみようと伝える。実際にフラフープを頭から足へとくぐる動作を見せる。 ・チームは前列と後列の２チームに分かれることを伝える。 ・最初の人は一番窓側にいる人、最後の人（アンカー）はピアノ側にいる人だと伝える。
11:05		○遊びの練習をする。 ・前列は立ち上がり、フラフープを実習生から受け取って、順番にフラフープをくぐってみる。 ・受け答えをしながらルールを確認する。 ・後列は座って前列の練習を見守り、「難しそう」「頭が引っかからないように」など様々な反応をする。	・フラフープが次の人に渡る時に、「ハイ」と声をかけて相手にタイミングを伝えるように促す。そうしないと、上手く渡らないことや、相手の顔にフラフープが当たってしまうこともあると伝える。 ・２チームの練習が終わったところで、フラフープを先頭の人に戻しておくように伝える。
11:10		○リレーを始める。（１回戦目） ・「頑張れ」と他の子に声をかける子がいる。 ・自分の番を楽しみに待つ子がいる。	・スタートの合図を出す。 ・危険がないか見ておく。 ・どちらのチームの方が早くゴールしたか見ておく。

		・練習の時よりも落ち着いてできずに、悔しそうにする子がいる。	・明らかに途中で差が出てしまった場合は、最後まであきらめないように、声をかける。
11:15		◯リレーを終える。（１回戦目） ・その場に座り、勝敗について喜ぶ様子や悔しい様子など、それぞれの反応をする。 ・「もう一回やりたい」という子がいる。 ・１回戦目での様子を発言する子がいる。 ・「並び順を変えたい」という子がいる。	・座るように伝える。 ・勝敗を発表する。 ・もっと速くするにはどうしたらいいか、考えてみようと声をかける。 ・２回戦目をやることを伝え、１回戦目で工夫したことや上手くいったことを聞き、全員に共有できるように一人一人の発言に応える。 ・体の動かし方や並び順など、チームで作戦を考えるように伝える。
11:25		◯リレーを始める。（２回戦目） ・ざわついた様子が続いているチームがある。 ・「早く始めたい」という子がいる。 ・１回戦目よりも自分のチームを応援する声を出す子が多くいる。 ・１回戦目よりも落ち着いて取り組めている子がいる。	・先頭の子にフープを戻し、２回戦目を始める準備をするように声をかける。 ・２チームとも２回戦目を始められるようになったら始めると伝える。 ・スタートの合図を出す。 ・危険がないか見ておく。 ・どちらのチームの方が早くゴールしたか見ておく。
11:30		◯リレーを終える。（２回戦目） ・その場に座り、勝敗について喜ぶ様子や悔しい様子など、それぞれの反応をする。 ・「もう一回やりたい」という子がいる。 ・２回戦目での様子を発言する子がいる。	・座るように伝える。 ・勝敗を発表する。 ・勝敗への感想や、２回戦目で工夫したこと、上手くいったことを聞き、一人一人の発言に応える。 ・次の機会に、もう一度、挑戦することがあると伝える。その時は少しルールが難しくなることを伝える。

第12章
子どもの生活習慣と健康指導（睡眠）
―〈指導案の作成と模擬保育〉

子どもを取り巻く生活環境は、便利で豊かなものとなり、基本的生活習慣が乱れ、生活リズムが不規則になっている。戸外遊びの減少、睡眠不足、食習慣の乱れ、排便の不規則化、低体温の増加など様々な問題が指摘されている。しかし、幼児期は基本的生活習慣を身に付け、生活リズムを整える大切な時期である。たっぷりと体を動かすことで、十分な睡眠が取れ、昼間の活動が充実したものとなる。活動が活発になればお腹が空き、食事への意欲もわく。子どもが健やかに成長、発達していくためには、衣服の着脱、食事、排泄といった基本的生活習慣を形成し、「食事」「運動」「睡眠」の規則正しい生活リズムを定着させることが大切である。

ここでは「睡眠」について見ていく。

1　睡眠の重要性

睡眠には、心身の疲労を回復させ、脳や身体を成長させる機能がある。そのため睡眠が子どもの発達にもたらす影響は大きい。

睡眠はレム（REM=Rapid Eye Movement、急速眼球運動）睡眠とノンレム（non-REM）睡眠の二つの眠りが波のように繰り返される。レム睡眠時は身体を休め、ノンレム睡眠時は身体も脳も休めている状態である。生後３～４ヶ月以降は寝入るとまず深いノンレム睡眠に入り、その後に浅いノンレム睡眠や夢身との関連が有名なレム睡眠が登場する[1]。睡眠と成長ホルモンは密接な関係がある。成長ホルモンは、夜寝入って最初にやってくる深い眠りの時に一番たくさん出る。そして成長ホルモンには骨を伸ばし、筋肉を増やし、新陳代謝を盛んにする働きがある[2]。その他にも成長ホルモンには、脂肪を分解する機能や免疫を高める機能などがある。成長ホルモンの効果的な血中濃度に達する持続的な分泌は睡眠時のみ見られ、成長期にしっかりと十分な時間と良質な睡眠を取ることが成長ホルモンの分泌にも影響する[3]ため、子どもの成長、発達において適正な睡眠をとることが重要である。

眠気をもたらすホルモンはメラトニンと呼ばれ、体内時計を調節する機能がある。メラトニンは脳の松果体から分泌され、日中はほとんど分泌されず、夜に分泌が始まり、深夜にピークを迎え、朝には分泌が終わる[4]。夜でも明るいとその分泌は少なくなる。したがって、暗所で規則正しく睡眠をとることが大切である。

朝起きて太陽の光を浴び、体を動かしたりすると分泌されるホルモンは、セロトニンと呼ばれ、セロトニンは増えると心が安定し、少なくなると情緒不安定などの症状になる。セロトニンは感情や精神面、睡眠など人間の大切な機能に深く関係している。セロトニン神経系の発達には、昼はしっかり体を動かし、夜はしっかり眠る、メリハリのある規則的な睡眠と覚醒のリズムと十分な睡眠時間が必要である[5]。セロトニンはメラトニンを作る材料にもなるため、たっぷりと朝日を浴び、適度な運動をし、規則正しい生活をすることが大切である。

2　睡眠時間と環境づくり

生存にとって睡眠は質だけでなく適正な睡眠時間も重要な要素[6]であり、適切な量の睡眠を確保することが、健康な心と体を育てるために必要である。アメリカの国立睡眠財団（National Sleep Foundation）[7]によると、年齢別に必要とされる睡眠時間について、以下のように発表している（表12-1）。

表12-1　年齢別必要睡眠時間

年齢	推奨	許容範囲	不適切
新生児 （０～3ヶ月）	14～17時間	11～13時間 18～19時間	11時間未満 19時間以上
乳児 （４～11ヶ月）	12～15時間	10～11時間 16～18時間	10時間未満 18時間以上
乳児 （1～2歳）	11～14時間	9～10時間 15～16時間	９時間未満 16時間以上
幼児 （３～５歳）	10～13時間	9～10時間 15～16時間	８時間未満 14時間以上
学童（６～13歳） （６～13歳）	9～11時間	8～9時間 14時間	７時間未満 11時間以上
ティーンエイジャー （14～17歳）	8～10時間	7～8時間 12時間	６時間未満 11時間以上
若年成人 （18歳～25歳）	7～9時間	7時間 11時間	６時間未満 11時間以上
成人 （26歳～64歳）	７～9時間	6時間 10～11時間	6時間未満 11時間以上
高齢者 （65歳～）	７～8時間	5～6時間 9時間	5時間未満 9時間以上

出典：文献７(National Sleep Foundation)より作成

新生児は14～17時間の睡眠を必要とする。４～11か月の乳児は昼寝を含めて12～15時間、１～２歳児は11～14時間、３～５歳児は10～13時間の睡眠が必要である。０～２歳児は昼寝が必要な子どもも多いが、３～５歳児では、夜間の睡眠を長時間確保できている場合、昼寝を必要としない子どもも増えている。

大人は子どもが心穏やかに安心して眠れるように快適な睡眠環境を整えるこ

とも大切である。園における環境づくりでは、スムーズに午睡に入れるように、素話をしたり絵本を読んだりして心を落ち着かせるようにする。部屋のカーテンを閉め、電気を消し薄暗くしたりする。そうすることで、子どもたちが「お昼寝の時間」を自然と理解できるようになる。寝具についても常に清潔を保つよう心がけ、定期的に家庭に持ち帰ってもらうようにする。また、1～2歳児はうつ伏せ寝による窒息や、乳幼児突然死症候群（SIDS：Sudden Infant Death Syndrome）などの危険もあるので、子どもが寝ついたら、うつ伏せ寝になっていないか、呼吸は大丈夫かなどを確認することも大切である。

家庭における環境づくりでは、入眠前にお風呂に入ったり、パジャマに着替えたり、トイレに行ったり、歯を磨いたりといったことを習慣づける。寝室の照明は明るすぎないようにする。睡眠と目覚めのリズムは体内時計によって維持されており、外から入る光の刺激が強すぎると体内時計の働きが乱れ、睡眠のリズムに影響を与える可能性がある。子どもは大人よりも体温が高く、暑くて眠れないこともある。大人が寒く感じる時期は、衣類の着せすぎや布団のかけすぎに注意する必要がある。また、湿度が高いと汗をかき寝苦しくなる。寝入る時は特に体温が上がるので、汗をかいていないか、寝苦しそうな様子はないか、子どもの様子を見て、室温と湿度を快適になるよう調節することも大切である。

3　睡眠習慣の指導

子どもの成長・発達には、規則正しい生活リズムの習慣化が重要である。そのためには保育者と保護者の援助が必要不可欠である。規則正しい生活リズムは毎日の繰り返しの中で身に付いていくものであり、園生活のみで確立するものではない。特に乳幼児の場合、睡眠習慣の指導は、子どもに対してではなく、保育者や保護者に対して行う必要がある。

保育所保育指針では睡眠に関して、午睡は生活のリズムを構成する重要な要素であり、安心して眠ることのできる安全な睡眠環境を確保するとともに、在園時間が異なることや、睡眠時間は子どもの発達の状況や個人によって差があることから、一律とならないよう配慮すること[8]とあり、乳幼児期の睡眠には個人差が大きく、発達や個人差に対して配慮する必要がある。成長するにつれ、夜に長時間眠り、昼間は起きているという生活リズムが徐々に整ってくる。しかし中には、夜もよく眠り、午睡も必要とする子どもや、午睡を長くしてしまうと就寝時刻が遅くなる子どももいる。また、身体は疲れているが興奮して眠れないなど、様々な要因から寝付けない子どももいる。午睡は個々の状態に合わせて対応し、安心して気持ちよく眠ることができる環境を整えることが大切である。園生活における午前中の活動の内容や個人の体力差にも配慮し、眠りたい子どもが安心して眠れる環境を整えると同時に、休息が必要だと思われる子どもには、体を休ませることも必要である。

また保育者同士の情報を共有し、家庭とも連携して子どもの健康を支える必要がある。たとえば、起床時間が遅く、午睡の時間に眠くならないという状況の場合は、起床時間を少し早めてもらうことで、午睡の時間と眠くなるタイミングが合うこともある。反対に午睡の時間が長すぎて、夜眠る時間が遅くなってしまう場合は、午睡を短くすることで、夜寝る時間が早くなることもある。このように子どもの様子に合わせて、個別対応が必要な場合もある。幼児期の子どもの午睡に関しては、午睡が必要な子どもとそうでない子どもが、それぞれの時間を過ごせるような環境づくりが必要な場合もある。小学校では午睡がなくなるので、年長の後半では、午睡がなくても過ごせるような生活リズムを家庭と相談しながら整えていく必要がある。

乳幼児の場合、保護者が正しい睡眠の知識を得ることが重要である。必要に応じて、保護者に対して、子どもの必要な睡眠時間や睡眠の重要性を説くことも大切である。親の生活リズムは子どもの睡眠パターンにも影響する。親が夜型の生活をし、いつまでも室内を明るくしていたりテレビをつけていたりする場合は、子どもの睡眠不足をもたらす原因にもなるため、親の生活リズムの見直しが必要である。子どもが夜型の生活をするようになると、起床時間が遅くなり、朝食を欠食する原因にもなる。朝食を摂らないと活動意欲が減少し、集中力の低下につながる。親の不規則な生活に子どもを巻き添えにしないよう配慮も必要である。

4　指導案の作成

幼稚園、保育所、認定子ども園には、乳幼児の発達の特徴に照らして、教育の内容をまとめた教育課程（保育の内容をまとめた保育課程）に沿った、ねらい、内容、環境構成、子どもの活動や保育者の援助など、指導の順序や方法を示した指導計画がある。指導計画には、長期にわたる年間指導計画、月間指導計画と短期の週案、日案がある。いずれも子どもの現状を理解することから、その延長上に次に必要な経験を見通した計画の作成、計画に基づいた保育実践、評価、反省、改善により成り立っている。実習では日々保育者が行なっているこうしたプロセスを部分実習ないし責任実習を通して、実践力を身に付けていく。

実習指導案作成の手順

① 子どもの実態を把握する。

② 具体的なねらいを設定する。

③ 活動内容を決める。

④ 時間配分を考える。

⑤ 環境構成を考える。

⑥ 子どもの活動を予想する。

⑦　援助と指導上の留意点を考える。

⑧　実践し評価・反省をする。

それでは午睡前の部分実習指導案を考えてみる。昼食後、午睡前の絵本の読み聞かせを例にあげる（指導案例参照）。

指導案作成の際は、子どもの実態把握から始まる。クラスの実態や子ども一人ひとりの発達、子どもの興味・関心を把握し、子どもたちが楽しめる絵本は何かを考える。現在の子どもの姿から、経験してほしいこと、育ってほしいことを「ねらい」とする。活動の内容は、ねらいを具体化したもので、子ども自身が経験する内容である。環境構成において、活動を行う際に必要なものやその配置を時間の流れに沿って考え、環境図などをわかりやすく記入する。その構成された環境下で、子どもがどのように活動するかを予想する。子どもの姿は一様ではなく、一人ひとり異なり多様である。それぞれの子どもの姿を予想し、具体的に記すことが大切である。援助と指導上の留意点では、予想される子どもの活動に基づいて、保育者としてどのように援助するのかを考える。子ども一人ひとりに応じた援助ができるように想定しておくことが大切である。

実習指導案を作成し、実践した後は、評価・反省をする。質の高い保育を行うためには、保育を振り返り、その保育を改善するための方策を講じて、次の保育に活かすことが大切である。

指導案を作成することは難しいことも多いが、指導案を作成することによって、実践という一瞬のうちに過ぎてしまう大切な子どもの動きや、それに対する自分の関わりを深く考えることができる。指導計画には各園で様々な工夫がされている。幼稚園、保育所、認定こども園での実習において、指導案を立案するにあたっては、見通しをもって計画的に実践するという意味を理解して、配属されたクラスの担任と相談して、実習指導案を作成しましょう。

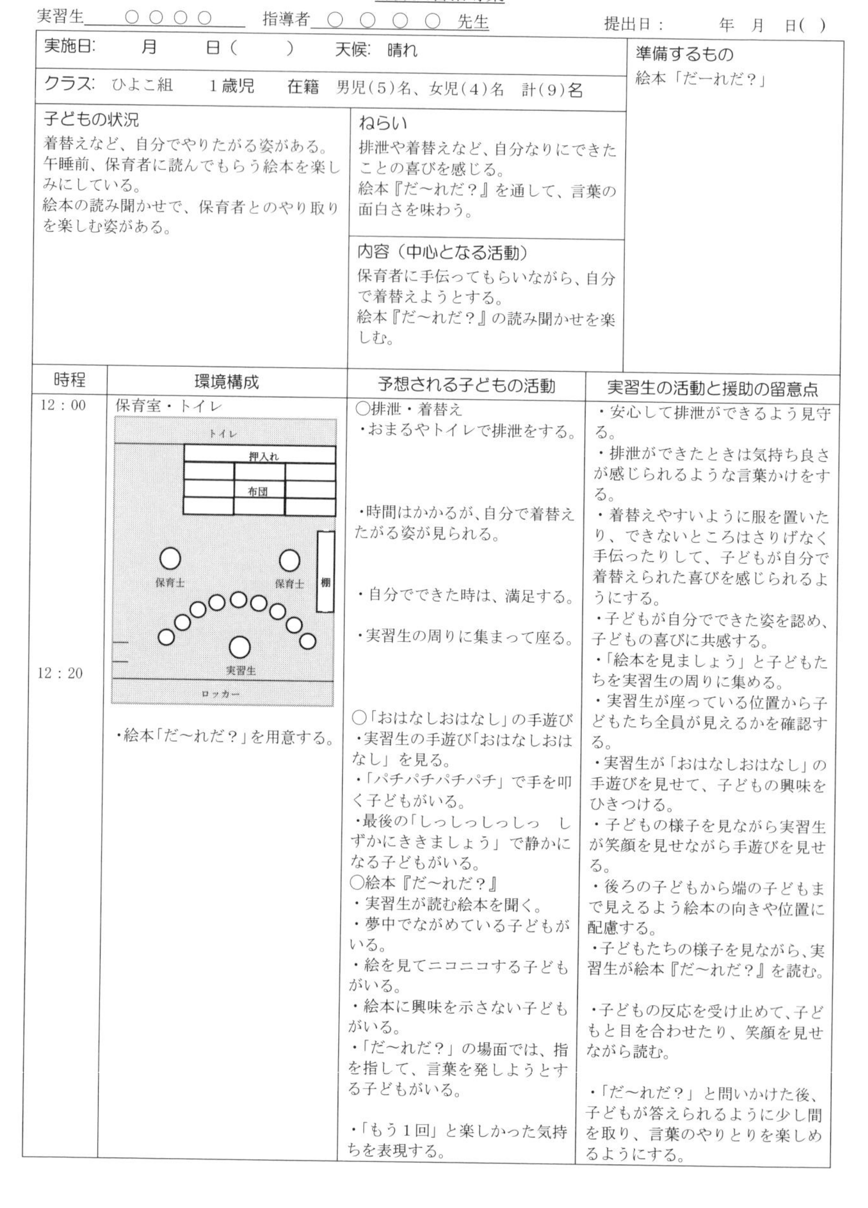

部分実習指導案

実習生　○○○○　　指導者　○○○○先生　　提出日：　年　月　日(　)

実施日：　月　日(　)　天候：晴れ		準備するもの
クラス：ひよこ組　1歳児　在籍　男児(5)名、女児(4)名　計(9)名		絵本「だーれだ？」
子どもの状況 着替えなど、自分でやりたがる姿がある。 午睡前、保育者に読んでもらう絵本を楽しみにしている。 絵本の読み聞かせで、保育者とのやり取りを楽しむ姿がある。	**ねらい** 排泄や着替えなど、自分なりにできたことの喜びを感じる。 絵本『だ〜れだ？』を通して、言葉の面白さを味わう。 **内容（中心となる活動）** 保育者に手伝ってもらいながら、自分で着替えようとする。 絵本『だ〜れだ？』の読み聞かせを楽しむ。	

時程	環境構成	予想される子どもの活動	実習生の活動と援助の留意点
12：00 12：20	保育室・トイレ （トイレ／押入れ／布団／保育士／保育士／棚／実習生／ロッカー） ・絵本「だ〜れだ？」を用意する。	○排泄・着替え ・おまるやトイレで排泄をする。 ・時間はかかるが、自分で着替えたがる姿が見られる。 ・自分でできた時は、満足する。 ・実習生の周りに集まって座る。 ○「おはなしおはなし」の手遊び ・実習生の手遊び「おはなしおはなし」を見る。 ・「パチパチパチパチ」で手を叩く子どもがいる。 ・最後の「しっしっしっしっ　しずかにききましょう」で静かになる子どもがいる。 ○絵本『だ〜れだ？』 ・実習生が読む絵本を聞く。 ・夢中でながめている子どもがいる。 ・絵を見てニコニコする子どもがいる。 ・絵本に興味を示さない子どもがいる。 ・「だ〜れだ？」の場面では、指を指して、言葉を発しようとする子どもがいる。 ・「もう１回」と楽しかった気持ちを表現する。	・安心して排泄ができるよう見守る。 ・排泄ができたときは気持ち良さが感じられるような言葉かけをする。 ・着替えやすいように服を置いたり、できないところはさりげなく手伝ったりして、子どもが自分で着替えられた喜びを感じられるようにする。 ・子どもが自分でできた姿を認め、子どもの喜びに共感する。 ・「絵本を見ましょう」と子どもたちを実習生の周りに集める。 ・実習生が座っている位置から子どもたち全員が見えるかを確認する。 ・実習生が「おはなしおはなし」の手遊びを見せて、子どもの興味をひきつける。 ・子どもの様子を見ながら実習生が笑顔を見せながら手遊びを見せる。 ・後ろの子どもから端の子どもまで見えるよう絵本の向きや位置に配慮する。 ・子どもたちの様子を見ながら、実習生が絵本『だ〜れだ？』を読む。 ・子どもの反応を受け止めて、子どもと目を合わせたり、笑顔を見せながら読む。 ・「だ〜れだ？」と問いかけた後、子どもが答えられるように少し間を取り、言葉のやりとりを楽しめるようにする。

12：30		・「おやすみなさい」と挨拶をして、布団に入る。	・子どもの楽しかった気持ちを受け止め、次につなげるようにする。 ・この後、自分の布団に入り午睡の時間であることを伝える。 ・布団に入る気持ちになるように、みんなで「おやすみなさい」と挨拶をする。 ・担任の先生に引き継ぐ。

部分実習指導案

実習生＿＿＿＿＿＿＿＿＿＿　指導者＿＿＿＿＿＿＿＿＿先生　提出日：　年　月　日（　）

実施日:　月　日（　）　天候:　晴れ		準備するもの 机　2台 ペープサート お弁当箱の絵 食材の絵カード 泡石鹸 使い捨てハンドタオル
クラス:　組　5　歳児　在籍　16　名		
子どもの状況 家庭、園での食事や野菜栽培などを通して、食に対する興味が増している。	ねらい 自分の体に必要な食品の種類や働きに気づき、栄養バランスを考慮した食事をとろうとする。 内容（中心となる活動） 絵カード遊び	

時程	環境構成	予想される子どもの活動	実習生の活動と援助の留意点
11:00	ピアノ　担任　教卓　学生　出入口　手洗い　机　机	○外遊びが終わり、保育室に戻る。 ・席に着く ・なかなか戻ってこない子もいる。	・座ってない子どもに着席するよう促す。
11:05	ペープサートは、園児に見えないよう裏返しに教卓の上に置く。	○ペープサートを見る。 ・真剣に見る子がいる。 ・友達とお話をしている子がいる。	・ペープサートを用いて、子どもの興味を惹きつけ、食品の３色分類について丁寧に説明する。 食品の３色分類について 赤：体を作るもとになる。肉、魚、卵、大豆、大豆製品など 黄：エネルギーのもとになる。米、パン、めん類、いも、油脂類など 緑：体の調子を整える。野菜、果物、きのこ類など （例）　りんごは赤い色が多いが、３色分類では緑に入る。お豆腐は白い色をしているが、３色分類では赤となる。
11:10	お弁当箱の絵と食材の絵カードを机の上に子どもの人数分置く。	○絵カード遊びをする。 ・配られたお弁当箱の絵と食材の絵カードを興味深く見る子がいる。 ・絵カードに興味を示さない子がいる。 ・用意されたお弁当箱の絵に食材の絵カードを置いていく。 ・自分のお弁当箱と友達のお弁当箱を比較する。 ・栄養のバランスの取れてない子がいる。バランスの取れた食材に変更する。	・お弁当箱の絵に食材カードを置くよう説明する。 ・お弁当が食材により３色分類をバランスよく配置しているかを確認する。 ・間違えても子どもを受容する。理由を伝えて、食材をバランスよくお弁当箱に入れるよう子どもを励ます。

		・給食のメニューを赤・黄・緑に分類する。	・今日の給食メニューを紹介し、赤・黄・緑に分類してもらう。 ・給食はバランスよく栄養がとれ、栄養バランスよくとると、元気になること、よく噛んで食べることの大切さを伝える。
11:20	ピアノ	○「手洗い歌」を皆で歌う。	・楽しく手洗いできるようピアノで手洗いの伴奏をする。
	泡石鹸と使い捨てハンドタオルを用意する。	・順番に手洗いを行う。 ・手洗いで気分がよくなり、友達と談笑している子がいる。 ○給食の準備をする。 ・机をきれいに拭く。 ・コップ・お箸、スプーンなどを机の上に置く。 ・準備が出来ていない子がいる。 ・「いただきます」と言って昼食をいただく。	・２人ずつ順番に手洗い指導をする ・机をきれいに拭くように促す。 ・食事の準備を促す。 ・「いただきます」の発声を促す。

（引用・参考文献）

1　神山潤、2007、『子どもの睡眠―眠りは脳と心の栄養』、芽ばえ社、pp.18-19
2　前掲１、p.20
3　駒田陽子・井上雄一（編）、2019、『子どもの睡眠ガイドブック』朝倉書店、p.8
4　前掲３、p.21
5　前掲３、p.6
6　前掲３、p.4
7　Sleep Health Foundation. 2015. Sleep needs across the lifespan. Available from:http://www.sleephealthfoundation.orgau/pdf/Sleep-Need-Across-Lifespan.pdf
8　厚生労働省、2017年、『保育所保育指針（平成29年告示）』フレーベル館、p.9

索 引

【執筆者紹介】
編著
宮川　三平（みやがわ　さんぺい）聖徳大学児童学科

執筆
作道　訓子（さくどう　くにこ）聖徳大学児童学科実習支援課長
冨永　久子（とみなが　ひさこ）聖徳大学児童学科
川上　暁子（かわかみ　あきこ）武蔵野大学教育学部幼児教育学科
祓川　摩有（はらいかわ　まゆ）聖徳大学児童学科

カバーデザイン
川嶋　賢治

保育内容指導法（健康）

2024年7月30日　初版発行

編著者　宮川　三平
発行者　鈴木　康一

発行所　株式会社文化書房博文社
〒112-0015　東京都文京区目白台1－9－9
電話03（3947）2034／振替　00180-9-86955
URL: http://user.net-web.ne.jp/bunka/

ISBN978-4-8301-1330-7 C1036　印刷・製本　昭和情報プロセス株式会社
乱丁・落丁本は、お取り替えいたします。